BAND 2 KULTUR-ANTHROPOLOGISCHE STUDIEN ZUR GESCHICHTE

Herausgeber: Dr. Mario Erdheim, Zürich
Redaktion: Peter Heiligenthal, Wiesbaden

Mario Erdheim

PRESTIGE UND KULTURWANDEL

Eine Studie zum Verhältnis subjektiver und
objektiver Faktoren des kulturellen Wandels
zur Klassengesellschaft bei den Azteken

FOCUS-VERLAG

Die Arbeit wurde 1971 von der Philosophischen Fakultät der Universität Basel als Dissertation angenommen. Die Einführung (SS. 11—19) wurde 1972 für diese Veröffentlichung geschrieben.

1. Auflage 1973
© by Focus-Verlag Wiesbaden 1972
Alle Rechte, auch das der photomechanischen Wiedergabe (Fotokopie, Mikrokopie), vorbehalten
Druck: Erwin Lokay, Reinheim/Odw.
ISBN 3-920 352-91-2

INHALTSVERZEICHNIS

Vorwort	9
Einführung	11
1. Die hermeneutische Position	12
2. Die marxistische und die strukturalistische Position	12
3. Die ethnologische Position	14

Erster Teil: Der formale Aspekt des Prestiges

1. Probleme der aztekischen Kultur	21
2. Der „fait social total"	23
3. Das Prestige als Wissen vom Vorbildlichen	26
3.1. Das Vorbild: Ziel des Strebens	27
3.2. Der Erfolg: das maßgebende Kriterium des Prestiges	28
3.2.1. Die archaischen Wurzeln der Vorstellungen über den Erfolg: virtù, virtus und fortuna	28
Exkurs: Max Webers Charisma-Begriff und der Begriff der virtù	29
3.3. Das Bild und der Wert des Vorbildlichen	32
3.4. Prestige und soziales Verhalten: Verhaltenserwartung und Verhaltensreaktion	32
3.5. Zusammenfassung: Definition des Prestiges	33
4. Das Prestige und die Strukturen der Macht	34
4.1. Macht und Prestige	34
4.2. Autorität und Prestige: Strukturen des Konsens	34
5. Prestige und Herrschaft: Das Verhältnis zwischen Konsens und Gewalt	36
6. Das Prestige als „fait social total"	39
7. Zur Problematik des Prestiges	40
7.1. Wert und Wirklichkeit	41
7.2. Die Wechselbeziehungen zwischen den Potenzen der Kultur	42
7.3. Sinn und Funktion des Prestiges	43
7.4. Individuum und Gesellschaft	44
7.5. Prestige und Kulturwandel	44
8. Zur Gliederung der Arbeit	44

Zweiter Teil: Der inhaltliche Aspekt des Prestiges — seine historische Ausprägung in der aztekischen Kultur

1. Das subjektive Moment: Die aztekischen Vorstellungen vom Prestige und deren Sinngehalt 47
   1.1. Aztekische Metaphern des Prestiges: Die Blume und der Gesang 47
       1.1.1. Die Blume 47
       1.1.2. Der Gesang 48
       1.1.3. Die aztekische Ästhetik des Prestiges 50
   1.2. Das Prestige des Kriegers 55
       1.2.1. Utopie des Prestiges: Der Entwurf der Zukunft 55
       1.2.2. Vorbilder: Gottheit und Krieger 57
       1.2.3. Der Erfolg und seine kosmologische Dimension: Das Kultfest 61
           Exkurs: Prestige und Unsterblichkeit, oder: Die prestigiöse Überwindung des Todes 62
           1.2.3.1. Der Krieg und seine Ideologie, oder: Die Einfrierung des Kulturwandels 66
           1.2.3.2. Kultfest, Krieg und Prestige 72
       1.2.4. Die Erwartungen und Reaktionen der Gesellschaft 72
           1.2.4.1. Der politische Aspekt von Verhaltenserwartung und Verhaltensreaktion: Die Kontrolle der Macht 76

2. Das objektive Moment: Das Prestige zwischen den Konsens- und Gewaltstrukturen der aztekischen Gesellschaft 79
   2.1. Die den Azteken bewußte Funktion des Prestiges: Legitimation der Herrschaft 79
       2.1.1. Die Herrschaft und ihre Kontrolle durch die Beherrschten 79
           2.1.1.1. Herrschaft und Gegenseitigkeit im Kulturwandel 82
           Exkurs: Das Problem der Gegenseitigkeit in der aztekischen Rechtsgeschichte 85
           2.1.1.2. Prestige und Gegenseitigkeit. Die konservierende und die verändernde Funktion der Herrschaft 86
       2.1.2. Das Verhältnis von Prestige und Herrschaft nach dem ‚Vertrag von Itzcoatl': Entstehung einer Klassengesellschaft 88
           2.1.2.1. Prestige und Ästhetik: Über die Verschleierung der Gewalt (I) 88
           2.1.2.2. Prestige und Religion: Über die Verschleierung der Gewalt (II) 90
       2.1.3. Die Funktion des Prestiges bei der Integration der Gewalt in das soziale System einer Klassengesellschaft 92

2.2. Die unbewußte Funktion des Prestiges im Kulturwandel:
Konfliktstrategie zwischen Kriegern und Kaufleuten 96
    2.2.1. Die aztekischen Kaufleute 97
        2.2.1.1. Das Prestige und das falsche Bewußtsein
der Kaufleute 97
    2.2.2. Prestige: Schaffung neuer Bedürfnisse und
Differenzierung der Gesellschaft 103
        2.2.2.1. Die Reaktion der Krieger auf das Prestige-
streben der Kaufleute und die Dialektik
der Gewalt 107
    2.2.3. Wirtschaft und Herrschaft in einer Kriegergesell-
schaft 107
2.3. Zusammenfassung 110

Bibliographie 116

VORWORT

Den Anlaß zu dieser Arbeit gab die Feststellung, daß „Prestige" zwar ein durch die Soziologie, die Psychologie und die Nationalökonomie, nicht aber durch die Ethnologie genau bestimmter Begriff zu sein scheint. Es war mir also darum zu tun, die *kulturelle* Dimension des Prestiges zu erfassen, die dann auch erlauben würde, seine wirtschaftlichen, gesellschaftlichen und psychischen Aspekte in ihrem wechselseitigen Verhältnis zu erkennen. Als Ansatz dienten mir die Problemstellungen zweier Soziologen (oder zutreffender: Kulturwissenschaftler), die in der deutschen Soziologie bisher nur wenig Beachtung gefunden haben: erstens die von Marcel Mauss entwickelte Theorie des „fait social total" und zweitens diejenige, die Georg Simmel in seinem Buch über die Philosophie des Geldes ausgearbeitet hat. Diese beiden Theorien gestatteten mir, den Begriff des Prestiges so zu definieren, daß es als kulturelles Phänomen analysiert werden konnte.

Unter dem Einfluß meiner Lehrer, der Herren Professoren Alfred Bühler und Siegfried Morenz, schälte sich dann als weiteres Problem auch die Notwendigkeit heraus, die Theorie nicht einfach durch mehr oder minder willkürlich zusammengetragenes Material aus verschiedenen Kulturen zu belegen, sondern mit Hilfe der erarbeiteten Begriffe *eine* Kultur nach allen Seiten hin zu durchforschen. Denn erst auf diese Weise ließ sich die Brauchbarkeit eines rein ethnologischen, d. h. auf die Kultur als Totalität gerichteten, Begriffes demonstrieren. Die Wahl fiel dann auf die aztekische Kultur, da diese relativ gründlich beschrieben worden ist. Die Aufgabe, die sich mir dabei stellte, war, den Begriff des Prestiges so zu verwenden, daß die innere Struktur und Bewegung der aztekischen Kultur herausgearbeitet werden konnten. —

An dieser Stelle möchte ich meinen Lehrern danken: Herrn Professor Alfred Bühler, der mich in die Problematik der Kultur einführte, und in dessen Seminaren ich Teile der Arbeit vorlesen durfte; Herrn Professor Meinhard Schuster, der den Entwurf zu dieser Arbeit kritisch durchlas und Herrn Professor Paul Trappe, der mich anregte, bei meinem Thema die Aufgabenstellung der Wissenssoziologie zu berücksichtigen. Auch dem verstorbenen Herrn Professor Siegfried Morenz schulde ich Dank. In seinen Kolloquien lernten die Studenten, die vielfältigen Einflüsse der Religion auf die Erscheinungen der Kultur und ihre Geschichtlichkeit zu erkennen.

Maya Nadig hat mir mit ihrer lustvollen Kritik dazu verholfen, meine Gedanken schärfer zu formulieren. Mit Antal Borbély habe ich in langen Gesprächen die verwickelte Problematik der Gewalt, mit Peter Heiligenthal die endgültige Fassung der Arbeit diskutiert — ihnen allen möchte ich danken. Schließlich sei erwähnt, daß mir die „Freie Akademische Stiftung" durch ein großzügiges Stipendium ermöglichte, in Spanien die unerläßlichen Quellen zu studieren.

Diese Arbeit widme ich meiner Mutter. Ihr verdanke ich, daß ich mein Studium auf eine breite Grundlage stellen konnte.

EINFÜHRUNG

Die Geschichtsschreibung neigt leicht dazu, zwei Extremen zu verfallen: entweder sie gibt eine Darstellung sozialer, ökonomischer, politischer und geistiger Prozesse, die bestimmten Gesetzmäßigkeiten gehorchen, oder sie beschränkt sich auf die einfühlende Wiedergabe subjektiver Zeugnisse. Im einen Fall wird Geschichte zum Naturprozeß, der mit blindem Automatismus abläuft, und im anderen zum Chaos widerstreitender Individuen: zur Sinngebung des Sinnlosen (Theodor Lessing). Diesen Formen der Geschichtsschreibung kann man entgehen, wenn man in der Geschichte (bzw. dem Kulturwandel — beide Begriffe werden hier synonym benützt —) die Interdependenzen zwischen den handelnden Subjekten und dem Sinn, den sie ihrem Tun geben, einerseits, und dem Strukturzusammenhang der Kultur und ihren Eigengesetzlichkeiten andererseits untersucht.

Bei einem solchen Thema kommt man aber nicht umhin, die Arbeit selber der gleichen Fragestellung zu unterziehen. Auch der Erkenntnisprozeß verläuft im Leben, d. h. unter geschichtlichen Bedingungen, und deshalb fließen subjektive Faktoren in ihn ein. Widersprüchlich wäre es, den Geschichtsprozeß in subjektive und objektive Faktoren aufzuschlüsseln, den Erkenntnisprozeß jedoch als nur vom Objekt selber bestimmt zu betrachten.

In seiner „Vorlesung zur Einführung in die Erkenntnistheorie" hat Theodor W. Adorno im Anschluß an Theodor Reik die These dargelegt, „daß nicht dadurch, daß ich mich objektiviere, mich ausschalte, mich abschalte, psychologisches Verständnis möglich ist, sondern, daß ich gewissermaßen um so mehr an das Objekt herankomme, je mehr ich von mir selber in das Objekt (. . .) hereingebe (. . .); so daß die Eliminierung des subjektiven Faktors gar keine solche Selbstverständlichkeit ist"[1]. Ebenso wie für das psychologische Verstehen gelte aber diese These für das Erkennen der Gesellschaft: „daß ich das Wesen der Gesellschaft (. . .) nicht etwa dann erkennen kann, wenn ich dabei von mir als Erkennendem absehe, sondern wenn ich alles, was ich selber an Innervationen, an Regungen, an Willen, an Intentionen habe, in diese Erkenntnis mit hereingebe"[2]. Nur mit dem Instrumentarium der Psychoanalyse ließen sich alle Wechselbeziehungen zwischen den subjektiven Faktoren und dem Erkenntnisobjekt ermitteln[3], ich möchte hier indessen den subjektiven Faktor auf die theoretischen Positionen reduzieren, von welchen aus ich das Phänomen des Prestiges untersuche. Mit anderen Worten: die Problematik, die sich aus dem Thema dieser Arbeit ergibt, muß anhand der Beziehungen zwischen meinen theoretischen Voraussetzungen und dem Erkenntnisobjekt angegangen und aufgerollt werden.

---

1 Adorno (o. J.): 26
2 op. cit.: 27
3 Auch Max Weber hat sich mit dieser wissenschaftstheoretischen Problematik auseinandergesetzt: „‚subjektiv' (. . .) ist nicht die Feststellung der ‚Ursachen' bei gegebenem Erkenntnisobjekt, sondern die Abgrenzung des historischen ‚Objekts' (. . .), denn hier entscheiden Wertbeziehungen, deren Auffassung dem historischen Wandel unterworfen ist" Weber (1922): 261. Die Analyse dieser den Gegenstand konstituierenden Wertungen wäre dann „entweder Geschichtsphilosophie oder Psychologie des ‚historischen Interesses' " (op. cit.: 262). Diese Psychologie wäre Psychoanalyse, und hier scheint es, daß die Psychoanalyse einen wichtigen Beitrag zur Erkenntnis- und Wissenschaftstheorie leisten könnte vgl. Habermas (1968): 262 ff. Über diesen Problemkreis möchte ich später eine Arbeit vorlegen.

1. Die hermeneutische Position

Ende der fünfziger und Anfang der sechziger Jahre, zu Beginn meines Studiums in Basel, erlebte die Diskussion um Max Weber eine starke Wiederbelebung. Neben dem Problem der Wertfreiheit war es die Definition der Soziologie als einer *verstehenden* Wissenschaft, die auf besonderes Interesse stieß, und dies umso mehr, als die Hermeneutik durch das 1960 erschienene Buch Hans Georg Gadamers ,,Wahrheit und Methode" eine eingehende theoretische Fundierung erfuhr. Geradezu als Gegengewicht mochte es wirken, daß in Basel eine eher theoriefeindliche Atmosphäre herrschte, dafür aber die an der Tradition von Jakob Burckhardt und Johan Huizinga orientierte Auseinandersetzung mit dem historischen Material selber besonders gepflegt wurde. Es war dann eine gewisse Herausforderung für mich, diese Fragestellungen auf die Ethnologie zu übertragen, um die aztekische Kultur ,,verstehend" zu untersuchen.

Max Webers Satz: ,,Wir wollen, die uns umgebende Wirklichkeit des Lebens, in welches wir hineingestellt sind, *in ihrer Eigenart* verstehen — den Zusammenhang und die Kultur*bedeutung* ihrer einzelnen Erscheinungen in ihrer heutigen Gestaltung einerseits, die Gründe ihres geschichtlichen So-und-nicht-anders-gewordenseins andererseits"[4] wurde zu einer Art Programm. Ich habe dann versucht, sowohl Probleme wie Begriffe nach ihrer Möglichkeit, Subjektives: Motive, Bedeutungsgebungen, Gefühlsregungen, etc. zu erfassen, auszuwählen. Das Prestige, als eine der augenfälligsten Antriebe für das Handeln des Individuums in der Gesellschaft, bot sich für diese Fragestellung besonders an. Konsequenterweise mußte dieser Begriff dann so aufgebaut werden, daß das subjektive Moment eingefangen werden konnte (vgl. das dritte Kapitel). Aber auch Phänomene wie Autorität, Macht und Herrschaft wurden mit Hilfe dieser Methode nur vom Subjekt und dem Sinn, den er seinem Tun gab, her verstanden, d. h. sie wurden aus Kommunikations- und Konsensstrukturen und den entsprechenden Wertsystemen abgeleitet. Aber allmählich führte mich dieser Ansatz in eine Sackgasse. Es fiel mir auf, daß die wirklichen Verhältnisse mit dieser Fragestellung und Methode auf den Kopf gestellt wurden, kurz, daß ich in die Falle des Idealismus geraten war: Der ‚Sinn' der Erscheinung eines kulturellen Faktums gab sich als sein Wesen aus, und das Problem des Sinnwandels entzog sich dem Verstehen. Die Werte, auf die sich die verstehende Methode richtete, erschienen nämlich als letzte, nicht weiter zurückführbare Entitäten[5].

2. Die marxistische und die strukturalistische Position

Die Schwierigkeiten, die sich aus der hermeneutischen Position ergaben, erschienen mir durch zwei kritische Tendenzen in einem neuen Zusammenhang. Einmal durch die in Deutschland stattfindende ,,Aufarbeitung der Vergangenheit", welche die irrationalen Wurzeln der Hermeneutik bloßlegte, so z. B. durch Georg Lukacs' Buch ,,Die Zerstörung der Vernunft" (1960, 2. Aufl.), und sodann durch die französische Kontroverse zwischen

---

4 Weber (1922): 170—71
5 Deutlich kommt das in Max Webers ,,Dezisionismus" zum Ausdruck. Werte werden zu Gottheiten: ,,Und über diesen Göttern waltet das Schicksal, aber gewiß keine ‚Wissenschaft' (...), (Die Arbeit) aber ist schlicht und einfach, wenn jeder den Dämon findet und ihm gehorcht, der seines Lebens Fäden hält". Weber (1922): 546, 555.

Strukturalismus und Marxismus, in welcher gerade die Frage nach dem Sinn menschlichen Handelns im Kontext der Kultur auf einem neuen Niveau gestellt wurde.

Der Marxismus wurde durch seine Kritik am Strukturalismus dazu gezwungen, die Rolle des Subjekts in der Geschichte neu zu durchdenken. Behauptungen, wie die von Althusser: „Seit Marx wissen wir, daß das menschliche Subjekt, das ökonomische, politische oder philosophische Ego, nicht das Zentrum der Geschichte ist"[6], führten dazu, daß der subjektiv-objektive Doppelcharakter der marx'schen Theorie mehr in den Vordergrund gerückt wurde[7]. Man kann wahrscheinlich behaupten, daß der Strukturalismus wesentlich zu der Annäherung zwischen Marxismus und Existenzialismus beigetragen und damit die Entwicklung einer marxistischen Theorie der Subjektivität vorangetrieben hat.

Der Strukturalismus seinerseits wurde durch den Marxismus dazu gebracht, sich intensiver mit dem Problem der Geschichte auseinanderzusetzen und dabei -: wenn man so sagen darf — eine Koalition mit der Psychoanalyse einzugehen[8]. Genauso wie die Psychoanalyse den Anteil des Bewußtseins am menschlichen Handeln gering einschätzt und die Übermacht des Unbewußten hervorhebt, genau so hat der Strukturalismus die Rolle des Subjekts in der Geschichte fragwürdig gemacht und auf die Bedeutung der alles determinierenden, aber unbewußt bleibenden Strukturen hingewiesen[9]. Diese Zuwendung zu jenem Bereich des geschichtlichen Prozesses, der jenseits des Bewußtseins des Menschen abläuft, eröffnete der Ethnologie neue Perspektiven. „Wir wollen zeigen, daß der grundlegende Unterschied zwischen... (Ethnologie und Geschichtsschreibung) weder im Objekt noch im Ziel, noch in der Methode liegt; sondern daß sie, da sie dasselbe Objekt haben, nämlich das soziale Leben, daselbe Ziel, ein besseres Verständnis des Menschen, und eine Methode, bei der nur die Dosierung der Untersuchungsverfahren variiert, sich vornehmlich durch die Wahl komplementärer Perspektiven unterscheiden: die Geschichte ordnet ihre Gegebenheiten in Bezug auf die bewußten Äußerungen, die Ethnologie in Bezug auf die unbewußten Bedingungen des sozialen Lebens"[10]. So bezog sich Lévi-Strauss auch auf Marx: „In diesem Sinne rechtfertigt die berühmte Formulierung von Marx ‚Die Menschen machen ihre eigene Geschichte, aber sie machen sie nicht aus eigenen Stücken' in ihrer ersten Hälfte die Geschichtsschreibung und in ihrer zweiten die Ethnologie. Gleichzeitig zeigt sich, daß die beiden Verfahren untrennbar sind"[11].

Auf dieser Basis war es nun möglich, die Probleme, die sich früher innerhalb der hermeneutischen Position gestellt hatten, neu wiederaufzunehmen: der Marxismus erlaubte nun das Handeln der Subjekte in Zusammenhang mit den sozio-ökonomischen Prozessen zu bringen und der Strukturalismus gab jene Fragestellungen her, dank welcher die unbewußten Strukturen herausgearbeitet werden konnten, die jenen Zusammenhang zwischen den Subjekten und ihrer Kultur herstellten. Mit der herme-

---

6 Althusser (1970): 33. Althusser versucht, den strukturalistischen Ansatz mit der marxistischen Theorie zu verbinden.
7 Schaff (1965): 183 ff.; Schmidt (1971): 14
8 Poulantzas (1968): 74
9 Althusser (1968): 91, 183
10 Lévi-Strauss (1969): 32
11 op. cit.: 38

neutischen Methode schließlich versuche ich, den Bereich des subjektiven Erlebens darzustellen (vgl. den Abschnitt: „Das subjektive Moment: die aztekischen Vorstellungen vom Prestige und deren Sinngehalt"). Dieser Methodenpluralismus birgt Gefahren in sich, die sich nicht alle auflösen ließen; ich meine damit hauptsächlich die Begriffsvielfalt, die ich nicht immer zur Deckung bringen konnte.

3. Die ethnologische Position

Wie die Sozologie und die Psychologie hat auch die Ethnologie immer Schwierigkeiten mit ihrem Selbstverständnis gehabt. Die — wenn man so sagen darf — *geographisierende Definition* der Ethnologie bestimmt die außereuropäischen, schriftlosen Völker als ihren eigentlichen Gegenstand; je nach ihrer spezifischen theoretischen Fragestellung unterteilt sie sich in Wirtschaftsethnologie, Ethno-Soziologie, -Pschychologie, -Linguistik, etc. Nach dieser Definition ist die Ethnologie somit eine Wissenschaft ohne eigene Methoden, ihren Gegenstand kann sie nur mit Hilfe der in den anderen Wissenschaften entwickelten Methoden untersuchen. Aus diesem Grunde wiederspiegelt die Geschichte der Ethnologie alle theoretischen Trends, die in den anderen Wissenschaften vom Menschen wirksam waren. Mir scheint es aber, daß heute die Ethnologie, als Produkt ihrer Geschichte und der spezifischen Erfahrungen der Feldforschung, sich einen neuen Gegenstand konstituiert: die Kultur. Diesen wissenschaftsgeschichtlichen Prozeß kann ich im Rahmen dieser Einführung nur kurz skizzieren — er müßte das Thema einer eigenen Arbeit werden. Hier aber möchte ich ihn deshalb anführen, weil die Problematik des Verhältnisses zwischen Prestige und Kulturwandel wesentlich vom dabei implizierten Begriff des Kulturwandels abhängt. Er soll hier wissenschaftshistorisch, und zwar durch ständige Konfrontation mit dem Begriff der Geschichte entwickelt werden.

„Kulturwandel" ist ein in der Soziologie und Ethnologie gebräuchlicher Begriff. Obwohl seine Geschichte noch nicht geschrieben worden ist, kann man leicht feststellen, daß sich in ihm das problematische Verhältnis zwischen Soziologie, Ethnologie und Geschichtswissenschaft spiegelt. Mit einer Kurzformel ausgedrückt: „Kulturwandel" ist der Begriff, der den der Geschichte ersetzen sollte. Nicht zufällig haftet ihm deshalb etwas Unbestimmtes an. Was Norbert Elias über „sozialen Wandel" schreibt, gilt auch für „Kulturwandel": „Der Begriff des sozialen Wandels allein reicht als Forschungswerkzeug nicht aus, um solchen Tatsachen (umfassende soziale Entwicklungen M. E.) Genüge zu tun. Ein bloßer Wandel kann auch von der Art sein, die man an Wolken zu beobachten vermag: bald sehen sie so aus, bald sehen sie anders aus" [12]. Aber durch diese Unbestimmtheit hoffte man wohl das überschwere philosophische, sogar noch theologische Gewicht des Geschichtsbegriffes abwerfen zu können. Das ist auch der Grund, weshalb ich ihn in dieser Arbeit verwende.

Als Soziologie und Ethnologie unter den Einfluß des Funktionalismus gerieten, verschlossen sie sich vorerst einmal gegenüber jeder Fragestellung, die mit der Vergangenheit von Institutionen zu tun hatte. Er maß der Darstellung der Vergangenheit entweder überhaupt keinen Erklärungswert bei [13],

---
12 Elias (1969): XII
13 Harris (1968): 524; Lévi-Strauss (1969): 25

oder er verwandelte alle Geschichte in Gegenwart: „(Die Soziologie) verarbeitet ihre Daten ohne Rücksicht auf einen spezifischen Kontext; der historische Stellenwert ist von vornherein neutralisiert... Die Geschichte wird vielmehr auf eine Ebene universeller Gleichzeitigkeit projiziert und so ihres eigentlichen Geistes beraubt" [14]. Durch eine Hintertüre aber drang das historische Moment in die funktionalistische Ethnologie ein: Der Ethnologe konnte ja im zwanzigsten Jahrhundert keine ‚reinen', statischen Naturvölker mehr studieren. Der Kolonialismus zersetzte alle vorindustriellen und vorkapitalistischen Strukturen, und es war diese, mit ungeheurem Leid verbundene Zerstörung und Metamorphose, die der Ethnologe als Feldforscher zu erleben und zu erkennen bekam. So wurde das Problem des Kulturwandels wieder relevant für die Ethnologie [15].

Das Neue an diesem Begriff läßt sich deutlicher herausarbeiten, wenn wir ihn mit dem Begriff der Geschichte, wie ihn die kulturhistorische Schule der Völkerkunde verstand, konfrontieren. Sie versuchte, den – was immer auch das heißen mochte – ursprünglichen Zustand der Kultur zu rekonstruieren. ‚Geschichte' hatte insofern einen geradezu negativen Aspekt, da sie als der Prozeß erschien, der unzählige Mischungen und Verwirrungen geschaffen hatte. Der Kulturhistoriker mußte diese wieder in mühseliger Arbeit entwirren, um die rechte Ordnung (in Kulturkreise) herzustellen. Das Studium des Kulturwandels konzentrierte sich deshalb auf *einzelne Elemente* deren Wanderungen und ursprüngliche Entstehungsorte man feststellen wollte. So verlor aber die kulturhistorische Schule immer die Kultur als Ganzheit aus den Augen. Anders verhielt es sich jedoch bei der funtionalistischen Schule. Ihr ging es nicht so sehr um die Rekonstruktion früherer Zustände, sondern um die Probleme, die durch die Konfrontation der unterworfenen außereuropäischen Völker mit den Kolonialmächten entstanden waren. Eine Folge davon war, daß der *einzelne Stamm und dessen Kultur* (nicht aber der Kulturkreis) in den Mittelpunkt des Interesses rückte, wobei die Kultur nicht mehr als statische, sondern als dynamische, Wandlungsprozessen unterworfene Einheit aufgefaßt werden mußte. Ethnologie wurde so zunehmend zur Wissenschaft des Kulturwandels.

Trotzdem blieb das Verhältnis der Ethnologie zur Geschichte in einem Kernbereich – den Beziehungen zwischen den subjektiven und den objektiven Faktoren des Geschichtsprozesses – problematisch. Das ist nicht weiter erstaunlich, wenn man die Situation, in welcher das ethnologische Material gesammelt wurde, berücksichtigt: der Ethnologe kam von außen und betrachtete als Fremder die Kultur der Eingeborenen. Was ihn vor allem interessierte, war die Funktion einer Institution – nach ihrem *Sinn* fragte er in den meisten Fällen nicht. Liest man Stammesmonographien, so ist es befremdend, wie wenig Wert auf die einzelne Person gelegt wurde, und gerade im Bereich der Religion (der Werte überhaupt) mußte es einem auffallen, daß der Glaube selten ernst genommen wurde; nur seine Funktion war ja wichtig. Es spielt hier etwas hinein, woran auch die Geschichtswissenschaft krankt: die Geschichte wird jeweils von den Herr-

---

14 Habermas (1967): 19–20; als Beispiel aus der Ethnologie für diese Einstellung mag Malinowski gelten. Vgl. seinen Aufsatz „Der Wert der Geschichte", p. 70 ff., in Malinowski (1951): 66–89.
15 Harris (1968): 516, 539 f.

schenden geschrieben, kein Wunder also, daß die Beherrschten dabei immer zu kurz kommen.

Allerdings sind in der Ethnologie auch noch andere Tendenzen feststellbar. Lévi-Strauss hat die Frage gestellt, ob die Wahl eines Individuums, Ethnologe zu werden, nicht „das Ergebnis einer grundlegenden Wahl darstellt, einer Wahl, die jenes System in Frage stellt, in das hinein man geboren wurde, und in dem man aufwuchs"[16]. Und tatsächlich ist ja auch die Ethnologie oft mit einer ganz bestimmten Form der Kulturkritik verbunden gewesen[17]. Wenn auch für viele Ethnologen ihre Erfahrungen mit fremden Völkern als Bestätigung für die Fortschrittlichkeit und Güte ihrer eigenen Kultur diente, so gab es umgekehrt auch Ethnologen, die ihre Erfahrungen dazu benützten, die Kultur, aus der sie kamen, mit kritischeren Augen zu betrachten. Diese Ethnologen identifizierten sich also nicht ohne weiteres — wie z. B. der Missionar oder der Verwaltungsbeamte — mit der eigenen Kultur und richteten aus diesem Grunde ihr Augenmerk gerade auf jene Dinge, die bei ihnen zu Hause von der Wissenschaft entweder unbeachtet blieben oder gar mißachtet waren: wie man Bäume fällte, Häuser baute, Töpfe machte, Stoffe webte, Speisen kochte und Gifte zusammenbraute, etc. Die Gegenstände, die sonst allein des wissenschaftlichen Interesses für würdig erachtet wurden: die großen Staatsaktionen, die bedeutenden Individuen, die Denksysteme, usw. sind durch die Tätigkeit des Ethnologen also gleichsam relativiert worden. Das heißt, daß für die Ethnologie ein Bereich des menschlichen Lebens, das bisher fast gänzlich übersehen worden war, immer wichtiger wurde: das Alltagsleben. Wir werden sehen, daß dieser ‚neue' Bereich für die Theorie der Subjektivität von großer Bedeutung ist. Die Feld*erfahrung* des Ethnologen selber ist ein weiterer neuer Faktor. Fern von seiner eigenen Kultur, allein auf sich selbst gestellt, wird er mit der fremden Kultur als Ganzheit konfrontiert. Nicht nur, daß er unter den gleichen Bedingungen wie seine Untersuchungs-„objekte" leben muß, er muß sich auch in Bezug auf den Stamm, in dem er sich befindet, definieren, mit anderen Worten: seine eigene Subjektivität bestimmen. Sie wird ihm bewußt in der Mühe und an den im eigentlichen Sinne existentiellen Widerständen, die er überwinden muß, um an sein Objekt heranzukommen. Dadurch wird weiter die für die Entwicklung der Wissenschaft des Menschen zwar förderliche, zugleich aber auch gefährliche Trennung in Einzeldisziplinen, wie Ökonomie, Soziologie, Religionswissenschaft, etc. wieder eingeschmolzen zu einer umfassenderen Erfahrung der fremden Kultur, einer Erfahrung, in der die vielfältigen Zusammenhänge der Kultur sichtbar werden. Aber diese Nähe zur Lebenswirklichkeit ging lange Zeit Hand in Hand mit einer entschiedenen Ablehnung der Philosophie und theoretischer Reflexion, so daß die Ethnologie wahrscheinlich auch jene Wissenschaft ist, die den größten Schatz an theoretisch ungehobenem Datenmaterial besitzt. Die anderen Wissenschaften pflegen deshalb oft die Ethnologie als eine Art Steinbruch zu benützen, aus dem sie das herausbrechen, was sie gerade brauchen. In der Ethnologie finden wir die merkwürdige Situation vor, daß ihre Praxis der Theorie weit voraus ist: in ihrer Praxis nämlich hat sie ihren Gegenstand, die Kultur als Gesamtheit, schon gefunden.

---

16 Lévi-Strauss (1960): 346
17 Mühlmann (1968): 140 ff.

Ausgegangen waren wir von der Beziehung zwischen Ethnologie und Geschichte. Eine Geschichte, die von den Herrschenden geschrieben werde, lasse die Beherrschten zu kurz kommen; und das betrachteten wir als einen der wesentlichen Gründe dafür, daß die Wissenschaft ihre Aufmerksamkeit kaum auf das *Verhältnis* zwischen den subjektiven und objektiven Faktoren des Geschichtsprozesses gelenkt hat — Geschichte wurde entweder als Resultat des Handelns „großer Individuen", also als subjektiver oder als schicksalshafter, objektiver Prozeß betrachtet. Die ethnologische Erfahrung aber eröffnete neue Perspektiven: zumindest einige Ethnologen betrachteten es als ihre Aufgabe, die fremden Völker *selbst* zur Sprache kommen zu lassen, und damit wurde das Material aufbereitet, um den Geschichtsprozeß in seinem subjektiv-objektiven Doppelcharakter analysieren zu können. Darauf soll nun eingegangen werden.

Als vorläufige Definition mag genügen: unter den „subjektiven Faktoren" verstehen wir die Gesamtheit der Sinngebungen, mittels derer die Individuen einer Gesellschaft ihre Beziehungen untereinander, zur Geschichte und zur Natur bestimmen; unter den „objektiven Faktoren" verstehen wir dagegen die Gesamtheit der kulturellen Prozesse, oder wie man auch sagen könnte: der Funktionen in ihren strukturellen Zusammenhängen. Die Menschen machen nicht nur Geschichte und schaffen Funktionen, die sie sich deuten, sondern an diesen Deutungen, d. h. dem Bewußtsein ihrer Handlungen, wird sich das fernere Handeln orientieren. Bewußtsein und Handeln scheinen so fast unentwirrbar miteinander verbunden zu sein, aber sie sind selbständige Elemente, selbständig vor allem in dem Sinn, daß sie eigene Gesetzmäßigkeiten aufweisen. In einem Brief an J. Bloch hat Friedrich Engels diesen Sachverhalt anschaulich beschrieben: „Zweitens aber macht sich die Geschichte so, daß das Endresultat stets aus den Konflikten vieler Einzelwillen hervorgeht, wovon jeder wieder durch eine Menge besonderer Lebensbedingungen zu dem gemacht wird, was er ist; es sind also unzählige einander durchkreuzende Kräfte, eine unendliche Gruppe von Kräfteparallelogrammen, daraus eine Resultante — das geschichtliche Ergebnis — hervorgeht, die selbst als das Produkt einer als Ganzes *bewußtlos* und willenlos wirkenden Macht angesehen werden kann. Denn was jeder Einzelne will, wird von jedem anderen verhindert, und was herauskommt, ist etwas, das keiner gewollt hat. So verläuft die Geschichte nach Art eines Naturprozesses und ist wesentlich denselben Bewegungsgesetzen unterworfen"[18]. Die Absichten des Menschen — und im Grunde genommen sind das ja auch Deutungen seiner Zukunft — sowie die tatsächlichen Folgen seines Handelns decken sich nicht; der Kulturwandel wird so zu einem bewußtlosen Prozeß. Aber wenn wir ‚Prozeß' sagen, so meinen wir, daß sich dahinter doch eine Logik und eine Struktur verbergen. Das Kräfteparallelogramm der einzelnen Willen ergibt nicht Null, sondern eine bestimmte, aber unbewußt bleibende Richtung — die Menschen wissen nicht, wohin sie die Geschichte, wir könnten auch sagen: der Kulturwandel treibt. Hier kann die strukturalistische Fragestellung angesetzt werden, aber man muß vermeiden, die Geschichte in der modischen Form der Struktur zu personifizieren. Die *Menschen* machen die Geschichte und will man nicht in letztlich theologische Spekulation verfallen, dann kann man nicht eine Macht, die außerhalb der Gesellschaft wirkt, annehmen. Die

---

18 Marx-Engels (1953): 503

materialistische Geschichtsschreibung geht davon aus, daß die Gesellschaft im Kampf mit der Natur ihre Lebensbedingungen schafft. Um diese mehr oder weniger stabil zu erhalten, bedarf es der Institutionen, die eine gewisse Unabhängigkeit von den Individuen und damit auch eine eigene Dynamik entwickeln. Es ist dann die Unbewußtheit dieser Dynamik, die ihr den Charakter eines von den Menschen nicht beeinflußbaren Naturprozesses verleiht. In dieser Arbeit beschäftige ich mich nun mit den Mechanismen, über welche diese unbewußte Dynamik auf die einzelnen Menschen übertragen wird. Wir wollen also nicht einfach von *der* Wirtschaft, *der* Gesellschaft, *der* Religion sprechen, sondern überdies untersuchen, wie diese gewissermaßen unabhängigen Institutionen ihre Entwicklungslogik den Menschen — oft auch gegen deren eigenen Willen — aufzwingen.

Um diese Problematik zu erarbeiten, bot sich das Phänomen des Prestiges an, weil an ihm das Verhältnis zwischen den subjektiven und objektiven Faktoren der Geschichte besonders deutlich sichtbar gemacht werden kann (vgl. Kap. 7.4. Individium und Gesellschaft), jedoch nur dann, wenn es als *Totalität* erfaßt wird. „Die Sozialanthropologie ist aus der Entdeckung entstanden, daß alle Aspekte des sozialen Lebens — der ökonomische, technische, politische, juristische, ästhetische und religiöse — ein Zeichensystem ausmachen, und daß es unmöglich ist, einen dieser Aspekte zu begreifen, wenn man nicht die anderen einbezieht. Sie zeigt also die Tendenz, vom Ganzen zu den Teilen zu gehen, oder zumindest dem ersteren vor dem letzteren eine logische Priorität zu geben"[19]. Die Kulturanthropologie gelangte — nach Lévi-Strauss — zu einer analogen Auffassung, die aber die statische Perspektive durch eine dynamische ersetzte, die in der Frage zum Ausdruck kommt: „Wie überträgt sich die Kultur über die Generationen hinweg?"[20], und sie kam ebenfalls zur Schlußfolgerung, „daß nämlich das Beziehungssystem, das die Aspekte des sozialen Lebens miteinander verbindet, in der Übertragung der Kultur eine wichtigere Rolle spielt, als jeder dieser Aspekte für sich genommen"[20]. Diese Zitate, die die Bedeutung des Begriffes der Totalität für die Ethnologie belegen sollen, dürfen aber nicht darüber hinwegtäuschen, daß wir uns wieder auf schwankenden Boden begeben haben, denn wir haben es hier mit dem noch wenig durchgearbeiteten Bereich der ethnologischen bzw. kulturanthropologischen Begriffsbildung zu tun. Ist die Kulturanthropologie die Wissenschaft, die die Kultur zum Gegenstand hat, so muß sie über Begriffe verfügen, die diesem Gegenstand adäquat sind. Definiert man nun Kultur als eine Ganzheit, in der Wirtschaft, Gesellschaft, Religion, Kunst, etc. als Teile (Subsysteme) in Wechselbeziehung stehen, dann sollten die kulturanthropologischen Begriffe in dem Sinn totalisierend sein, daß sie die Beziehungen zwischen den einzelnen Subsystemen der Kultur und deren Verhältnis zur Ganzheit erkennbar machen. Wissenschaftslogisch stellt sich so das äußerst schwierige Problem, Ganzheiten zu erfassen, ein Problem, das noch im sog. „Positivismusstreit der deutschen Soziologie" ein zentraler Streitpunkt war[21]. Merkwürdig scheint mir, daß in dieser ganzen Auseinandersetzung Marcel Mauss' Theorie des „fait social total" unberücksichtigt blieb, obwohl er den konkreten Versuch durchführte, das Prinzip der Totalität auch in die empirischen Sozialwissenschaften einzubringen. Der Mauss'sche An-

---

19 Lévi-Strauss (1969): 382

satz schien mir — besonders durch die praktische Demonstration im „Essai sur le don" — äußerst fruchtbar. Im zweiten und fünften Kapitel des ersten Teils entwickelte ich das Gerüst des Begriffes des Prestiges als „fait social total".

Wissenschaftstheoretisch bietet der erste Teil der Arbeit eine Darstellung der *Form* des Prestiges, nicht aber seiner Theorie. Es wird also lediglich die Fragestellung entfaltet. Der zweite Teil dagegen ist ein erster Ansatz zur Theoriebildung, dort wird *eine* historische Ausprägung des Prestiges, nämlich die aztekische, analysiert, und erst damit ist der Weg zu einer Theorie des Prestiges offen. Ich gehe somit von der Prämisse aus, daß eine Theorie des Prestiges die Geschichte seiner Wirksamkeit beinhalten muß. Als „sozialer Tatbestand" besitzt es Geschichtlichkeit, es kann daher nicht durch ahistorische Begriffe ersetzt werden. Deshalb beginnt der erste Teil mit einem kurzen Abriß der aztekischen Geschichte — das ist der historische Rahmen, in welchem der hier entwickelte Begriff des Prestiges Gültigkeit besitzt.

Das aztekische Material ist für eine Theorie des Prestiges von besonderem Interesse. Der Grund ist im Untertitel der Arbeit angedeutet: unser Wissen über die Azteken läßt uns in die Entstehung einer Klassengesellschaft Einblick gewinnen. Dank der Arbeiten von Pater Bernhardino de Sahagún (1500—1590) sind wir in der Lage, die einzelnen Phasen des Überganges von der Jäger- und Sammlerstufe zur Hochkultur mit ihrer Klassenstruktur genau verfolgen zu können. Sahagún gehörte zu jenen Missionaren, die gerade wegen ihres Auftrages, den christlichen Glauben zu verbreiten, nach dem Sinn, den die Azteken ihren Institutionen gaben, fragten, und zwar mit einem solchen Ernst, daß man seine Ergebnisse unterdrückte. Er besaß die bei Eroberern so seltene Gabe, das unterworfene Volk zur Sprache kommen zu lassen. Das gibt uns heute die Möglichkeit, auch den subjektiven Faktor eines solchen Überganges zu studieren, und zwar eben für eine Phase, die sonst völlig im Dunkel der Vergangenheit verschwindet.

Die Transformation der segmentären Gesellschaftsform in die der Klassengesellschaft ist für die Geschichte des Prestiges ebenso der entscheidende Einschnitt gewesen wie für die Sozialgeschichte überhaupt, und gerade deshalb auch ein fruchtbarer Ansatzpunkt für eine Theorie des Prestiges. Der Funktionswandel wurde sichtbar, und durch den Kontrast zwischen der segmentären und der Klassen-Gesellschaft wurden die vielfältigen Zusammenhänge des Prestiges mit den sozialen, ökonomischen und religiösen Prozessen innerhalb der Kultur analysierbar. Die zentrale These dieser Arbeit lautet: In der segmentären Gesellschaft besitzt das Prestige die Funktion der Legitimierung der Herrschaft, deren Grundlage soziale Reziprozitätsstrukturen sind; in der Klassengesellschaft jedoch dient das Prestige der Verschleierung der Gewalt der Minderheit über die Mehrheit. Diese Gewalt ist aber die letzte Stütze der Herrschaft. Hier wird die Geschichte der Gewalt zum Leitthema der Geschichte des Prestiges.

---

20 op. cit.: 383
21 Adorno (1969): 126 f.
Vergleiche die den Ganzheitstheorien kritisch gegenüberstehenden Aufsätze von Schlick (1970) „Über den Begriff der Ganzheit" und Nagel (1970) „Über die Aussage: ‚Das Ganze ist mehr als die Summe seiner Teile'." Die gleiche Problematik aus marxistischer Sicht: Sebag (1967): 68 ff.

ERSTER TEIL:
DER FORMALE ASPEKT DES PRESTIGES

1. PROBLEME DER AZTEKISCHEN KULTUR

Betrachtet man die aztekische Geschichte, so fällt einerseits auf, wie schnell, nämlich in knapp zweihundert Jahren, sich aus einer unbedeutenden Gemeinschaft schweifender Jäger und Sammler ein Staatswesen entwickelte, und andererseits, in welch kurzer Zeit dieser Staat dem Angriff der Spanier erlag. Beides hängt miteinander zusammen; der Zusammenbruch offenbarte lediglich die großen Spannungen, die eine Folge der historischen Entwicklung der aztekischen Kultur waren und von den Eroberern nur ausgenützt werden mußten, um ihre eigene Herrschaft aufzubauen. Die Größe dieser Spannungen kann man leicht ermessen, wenn man sich die wichtigsten Wandlungen in Wirtschaft und Gesellschaft vor Augen hält.

Auf der wirtschaftlichen Ebene vollzog sich der Wandel von der Selbstversorgung der Jäger und Fischer zu einer auf Tributleistungen und Markt beruhenden Wirtschaftsform. Maßgebend für diese Entwicklung war aber bezeichnenderweise nicht so sehr die Entfaltung neuer Produktivkräfte wie die Anwendung von Gewalt. Der Krieg wurde so zu einem notwendigen Mittel des Wirtschaftens. In engster Verbindung mit diesen ökonomischen Veränderungen und von den kriegerischen Auseinandersetzungen gefördert, gestaltete sich die Entwicklung von der segmentären zur geschichteten Gesellschaftsform und damit von der Stammes- zur Staatsorganisation. Die Religion blieb von diesen Wandlungen nicht verschont, und neue Vorstellungen, die ein Produkt sowohl der neuen Verhältnisse wie auch der überkommenen Traditionen waren, wurden sinngebend für die Lebensführung der Individuen.

Diese Entwicklungen erzeugten Spannungen überall dort, wo neue Formen in Widerspruch zu den althergebrachten traten. Das war einmal der Fall bei der Entmachtung und Auflösung der alten Calpulli- (d. h. Stammes-) Ordnung durch staatliche, zentralgelenkte Institutionen. Dann kam es zu Konflikten, als neue Gruppen, wie z. B. die Kaufleute, Plätze in der Hierarchie beanspruchten, die ihnen jedoch von den Kriegern streitig gemacht wurden. Der größte Spannungsherd aber war — und das ist eine Hauptthese der Arbeit — der Krieg[1]. Durch ihn hatten sich zwar die Azteken ihre herrschende Position in Mesoamerika erobert, aber als ihre Kultur von der Phase der Expansion in die der Konsolidierung trat (spätestens während der Regierung Motecuhzomas Ilhuicaminas (1502—1520), wurde der Krieg zum größten Hindernis für die weitere Entwicklung der Kultur. Er verhinderte die Entfaltung neuer Produktivkräfte und erzeugte auf diese Weise Spannungen, die die aztekische Kultur bis zu ihrem Untergang prägten.

Wie aus dem bisher Gesagten hervorgeht, halten wir den Wandel und seine Dynamik für einen besonders wichtigen Aspekt der aztekischen Kultur. Er kann aber nur dann zureichend erfaßt werden, wenn wir auch die Kräfte erforschen, die der Integration der Veränderungen in das Ganze der Kultur entgegenwirken. Denn der Kulturwandel besteht ja nicht aus der bloßen Veränderung isolierter Komplexe wie Wirtschaft, Gesellschaft, Religion, Recht, Kunst, etc., sondern aus der Veränderung jener Ganzheit, die wir Kultur nennen, und welche die Wechselwirkungen zwischen den ver-

---

[1] Wir greifen hier die im Handbook of Middle American Indians, Bd. 1, S. 492 gestellte Frage nach der Funktion des Krieges in den Kulturen Altmexikos wieder auf.

schiedenen Potenzen miteinbegreift. Diese Wechselwirkungen stellen selber ein wesentliches antreibendes bzw. hemmendes Moment des Wandels dar.

Es schälen sich bei dieser Fragestellung zwei Problemkreise heraus. *Erstens* geht es um den Einfluß der Wirtschaft auf die anderen Bereiche der Kultur; wir müssen also zeigen, in welchem Ausmaß und auf welche Art z. B. die Gesellschaft oder die Religion von der Wirtschaft bestimmt wurden. „Die Produktion von Ideen, Vorstellungen, des Bewußtseins ist zunächst verflochten in die materielle Tätigkeit und den materiellen Verkehr der Menschen... Die Menschen sind die Produzenten ihrer Vorstellungen, Ideen, usw., aber die wirklichen, wirkenden Menschen, wie sie bedingt sind durch eine bestimmte Entwicklung ihrer Produktivkräfte und des denselben entsprechenden (gesellschaftlichen; M. E.) Verkehrs bis zu seinen weitesten Formationen hinauf"[2]. Mit anderen Worten: wir müssen erkennen, *inwieweit* das Geschehen im Bereich der Gesellschaft (beispielsweise die Auseinandersetzungen zwischen Kriegern und Kaufleuten) oder im Bereich der Weltanschauung (Wandlungen in den Vorstellungen vom idealen Leben, im Gottesbild, in der Geschichtsauffassung der Mexikaner) auf wirtschaftliche Prozesse zurückgeführt werden kann. *Zweitens* aber geht es darum, die Einflüsse außerwirtschaftlicher Eigengesetzlichkeiten zu berücksichtigen und festzustellen, aus welchen Gründen und in welchem Umfang zum Beispiel segmentäre bzw. geschichtete Gesellschaftsformen oder religiöse Vorstellungen eine gewisse Autonomie aufweisen und ihrerseits die Wirtschaft und deren Entwicklung prägen. Versucht man im ersten Fall, kulturelle Erscheinungen auf wirtschaftliche Gegebenheiten zurückzuführen, so besteht im zweiten Fall die Aufgabe vor allem darin, die Wirksamkeit von religiösen, ethischen, ästhetischen, rechtlichen, etc. Wertsetzungen auf wirtschaftliche Prozesse nachzuweisen. Im Zentrum dieser Problematik steht somit das Verhältnis zwischen Wert und Wirklichkeit.

Hierbei werden wir von der folgenden, die Beziehung zwischen Wert und Wirklichkeit in den Mittelpunkt stellenden Bestimmung der Kultur ausgehen: „Kultur ist ein vom Standpunkt des Menschen aus mit Sinn und Bedeutung bedachter endlicher Ausschnitt aus der sinnlosen Unendlichkeit des Weltgeschehens"[3]. Dieser Begriff der Kultur erlaubt uns, die subjektive Seite der Kultur zu analysieren, um herauszufinden, was die Wirtschaft, die Religion, der Krieg, usw. *den Azteken* bedeutete. Das heißt, daß wir den Zusammenhang zwischen einzelnen Elementen der Kultur und den in dieser Kultur gültigen Wertideen aufdecken müssen. Wir werden also z. B. den Sinn, den der Krieg für den Mexikaner hatte, dadurch herauszufinden versuchen, daß wir ihn in seiner Verbindung zu wirtschaftlichen, gesellschaftlichen, religiösen, ästhetischen und anderen Wertvorstellungen darstellen. Das bedeutet also, daß wir den Sinn einer kulturellen Erscheinung nur verstehen können, wenn wir uns in die Perspektive versetzen, unter welcher der Azteke seine Meinung gewonnen hat.[4] Wir beschäftigen uns somit mit dem, was im Bewußtsein des Azteken vor sich ging[5]. Doch wir

---

[2] Marx-Engels (1969): 26; vgl. auch Weber (1964): 251
[3] Weber (1922): 180
[4] Zur erkenntnistheoretischen Problematik dieses Vorgehens vgl. Gadamer (1967): 255 ff.
[5] vgl. Mühlmann (1938): 124 ff, führte den Begriff der intentionalen Daten ein, auf Grund derer die Intention und damit auch das Bewußtsein der Individuen der untersuchten Kultur erfaßt werden können.

können uns nicht mit der Analyse der Subjektivität der aztekischen Kultur begnügen. Vielmehr bedarf es zu ihrer vollständigen Erfassung auch noch einer Untersuchung, die die aztekische Kultur ganz abgesehen von dem, was den Azteken tatsächlich bewußt war, erfaßt, und zwar nach dem jetzigen Stand des Wissens über die Kultur des Azteken einerseits und andererseits über die allgemeinen Zusammenhänge der Kultur. Zu der Frage nach dem Sinn einer kulturellen Erscheinung tritt also die Frage nach ihrer Funktion im Ganzen der Kultur[6]; aber diese beiden Fragen können nicht unabhängig voneinander beantwortet werden. Sinn und Funktion brauchen sich zwar keineswegs zu decken, sind aber doch eng aufeinander bezogen. Der Sinn zum Beispiel, den die Azteken dem Krieg gaben: Beschaffung von Menschenopfern, religiöse Pflicht, Mittel zum Erwerb von Ehre und Reichtum — und die Funktion des Krieges: Konservierung der Herrschaft der Krieger, Verhinderung des Wandels der Wirtschaftsform, gingen zwar stark auseinander, aber sie bedingten einander auch. Eben weil der Krieg „mythologisch" wurde, konnte er jene Funktionen in der aztekischen Kultur ausüben, und umgekehrt: weil er diese Rolle spielte, wurde er mythologisiert.

2. DER „FAIT SOCIAL TOTAL"

Nachdem wir die Probleme, mit denen sich unsere Arbeit beschäftigt, umrissen haben, stellt sich die Frage nach der Art und Weise des Vorgehens. Wie wäre es möglich, die Kultur durch die strukturellen und funktionalen Beziehungen ihrer Elemente darzustellen? In der „Philosophie des Geldes" schreibt G. Simmel: „. . . wie ein Gedicht nicht nur eine literaturgeschichtliche Tatsache ist, sondern auch eine ästhetische, eine philologische, eine biographische — so ist, daß zwei Menschen ihre Produkte gegeneinander austauschen, keineswegs nur eine nationalökonomische Tatsache; denn eine solche, d. h. eine deren Inhalt mit ihrem nationalökonomischen Bilde erschöpft wäre, gibt es überhaupt nicht. Jener Tausch vielmehr kann ganz ebenso legitim als eine psychologische, als eine sittengeschichtliche, ja als eine ästhetische Tatsache behandelt werden"[7].

Simmel versucht also *ein* Element der Kultur, das Geld zum Beispiel, als Ausgangspunkt zu nehmen, um ihm „durch seine Erweiterung und Hinausführung zur Totalität und zum Allgemeinsten gerecht zu werden"[8]. Aber das Geld ist in diesem Problemkreis „nur Mittel, Material oder Beispiel für die Darstellung der Beziehungen, die zwischen den äußerlichsten, realistischsten, zufälligsten Erscheinungen und den ideellsten Potenzen des Daseins, den tiefsten Strömungen des Einzellebens und der Geschichte bestehen"[9].

Er geht dabei in zwei Schritten vor; im analytischen Teil des Buches stellt er die Voraussetzungen dar, „die, in der seelischen Verfassung, in den sozialen Beziehungen, in der logischen Struktur der Wirklichkeiten und der Werte gelegen, dem Geld seinen Sinn und seine praktische Stellung anwei-

---

[6] Mühlmann, op. cit., S. 172, definiert Kultur „als den funktionalen Gesamtzusammenhang von Sitten, Bräuchen und Einrichtungen". Mit dieser Definition kann man untersuchen, welche Funktion irgendeine Institution im Aufbau oder in der Auflösung einer Kultur inne hat.
[7] Simmel (1920): VII
[8] op. cit.: VIII
[9] op. cit.: VII

sen"[10]. Im zweiten, synthetischen Teil geht Simmel den Wirkungen des Geldes nach, die es „auf das Lebensgefühl der Individuen, auf die Verkettung ihrer Schicksale, auf die allgemeine Kultur"[11] ausübt.

Die Simmelsche Fragestellung[12] würde uns somit erlauben, die Vielfalt der kulturellen Beziehungen darzustellen, indem wir der Verflochtenheit einer Erscheinung in der Totalität der Kultur nachgehen. Die gleiche Methode fand Eingang in die Ethnologie, aber nicht von der deutschen, sondern von der französischen Wissenschaftstradition her. In seinem „Essai sur le don. Forme et raison de l'échange dans les sociétés archaiques"[13] führte Marcel Mauss den Begriff des „fait social total" ein, den man sinngemäß mit dem Ausdruck „eine sich auf die Gesamtheit der Kultur beziehende Erscheinung" wiedergeben könnte[14]. Er dient dazu, die Ganzheit der Kultur zum Objekt zu machen, um ihr Leben, um „den flüchtigen Augenblick, in dem die Gesellschaft, in dem die Menschen ein gefühlsmäßiges Bewußtsein ihrer selbst und ihrer Situation vor den anderen gewinnen"[15] zu erfassen. Es soll möglich werden, „die gesellschaftlichen Tatbestände („choses sociales") selber in ihrer Gegenständlichkeit („dans le concret"), so wie sie sind..."[16] zu erkennen. Die Gabe und das Geben untersuchend, zeigte Mauss praktisch sein Vorgehen: er präparierte sozusagen die gesellschaftlichen, rechtlichen, wirtschaftlichen, religiösen Komponenten seines Objektes heraus, begnügte sich jedoch nicht mit dieser analytischen Arbeit, sondern ging dazu über, deren Zusammenspiel aufzuzeigen. Und erst in diesem Zusammenwirken der verschiedenen Aspekte fand er den „fait social total", das eigentliche kulturelle Phänomen. Hier mag man sich allerdings die Frage stellen, ob man tatsächlich ein Objekt dadurch beschreiben kann, daß man seine Eigenschaften und seine Auswirkungen auf andere Gegenstände aufzählt und darstellt. Wie könnte man überhaupt noch ein Ende finden, ohne sich in falschen Unendlichkeiten zu verlieren, da doch ‚irgendwie' alles mit allem zusammenhängt?[17] In seiner Einführung zum Werk von Mauss macht Lévi-Strauss einen Vorschlag, um eben diese Schwierigkeiten gegenstandslos zu machen: die einzige Garantie, die man haben könne, daß ein ‚fait total' der Wirklichkeit entspreche und nicht einer nichtwirklichen Ansammlung mehr oder weniger wahrscheinlicher Details, sei der Nachweis, daß er (der ‚fait total') in einer konkreten Erfahrung faßbar sei. Einmal in einer zeitlich und örtlich fixierbaren Gesellschaft, dann aber auch in irgend einem Individuum einer solchen Gesellschaft. Man könne nie sicher sein, den Sinn und die Funktion einer Institution verstanden zu haben, wenn man nicht in der Lage sei, sie in einem individuellen Bewußtsein zu lokalisieren[18]. Lévi-Strauss veranschaulicht die Aufgabe mit einem Gleichnis: eine ‚totale' Chemie hätte nicht nur die

---

10 op. cit.: VI
11 op. cit.: VI
12 Albert Salomon (1965) weist in seinem Beitrag über Georg Simmel darauf hin, daß dessen Buch „Philosophie des Geldes" nie die Anerkennung fand, die es verdient hätte" (S. 137). Das gilt nicht nur von den Thesen, sondern auch von der Methode, die sich insofern von der Max Webers unterscheidet, als sie weniger klassifizierend und definierend als beschreibend vorgeht.
13 Mauss (1966)
14 Im Französischen entspricht der Begriff ‚social' oft unserem Begriff ‚kulturell'.
15 op. cit.: 275
16 ebenda
17 Über die Unendlichkeit solcher Kausalketten vgl. Weber (1922): 233
18 Mauss (1966): Introduction XXVI

Form und die Verteilung der Moleküle einer Erdbeere zu erklären, sondern auch den einzigartigen Geschmack, der aus deren Anordnung im Mund eines Menschen resultiere[19].

Es ist überraschend, in welchem Ausmaß die Problemstellungen von Simmel und Mauss koinzidieren, auch ohne daß sie Kenntnis voneinander gehabt hätten[20]. Sie unterscheiden sich nur durch die Auswahl und die Verarbeitung des Materials. Mauss, als Ethnologe, bezieht sich mehr auf die außereuropäischen Kulturen und ist exakter in seinen Angaben. Simmel, von der deutschen Philosophie herkommend, ist spekulativer, weniger auf die konkrete Einzelheit bedacht, dafür aber eingehender und konsequenter in seinen Analysen.

Inwiefern nun vermag der Begriff des „fait social total" die eingangs gestellten Probleme:
a) Wechselbeziehung zwischen den Potenzen der Kultur,
b) Verhältnis zwischen Wert und Wirklichkeit,
c) Beziehungen zwischen dem Sinn und der Funktion kultureller Erscheinungen,
d) Wandel der Kultur
schärfer zu fassen?
a) Der „fait social total" wird ja eben durch sein Verhältnis zu den verschiedenen Potenzen der Kultur bestimmt. Er ist gleichsam der Ort, wo sie aufeinander wirken und den Gegenstand produzieren. Seine Analyse führt somit gewissermaßen von selbst zur Analyse der Wechselbeziehungen zwischen Wirtschaft, Religion, Recht, Kunst, etc.
b) Der „fait social total" beinhaltet als subjektives Moment den Bezug auf eine sinngebende Wertidee. Durch ihn erscheint irgend ein kultureller Sachverhalt den Menschen dieser Kultur als mehr oder weniger sinnvoll. Von ihrem Standpunkt aus erscheint also der „fait social total" als Realisierung seines Wertes, als Einheit von Wert und Wirklichkeit.
c) Dadurch, daß der „fait social total" auf die individuelle Erfahrung bezogen wird, wird es möglich, das, was dem Individuum bewußt ist und ihm als Sinn erscheint, zu beschreiben. Dadurch daß der „fait social total" aber auch durch den Bezug auf die Potenzen der Kultur bestimmt wird, sind wir imstande, dessen Funktion in der Kultur festzustellen, ganz abgesehen davon, ob sich jenes Individuum dessen bewußt ist oder nicht. So können wir auch die Beziehungen zwischen Sinn und Funktion ermitteln.
d) Auch das Problem des Kulturwandels kann von zwei Seiten her angegangen werden. Einmal erscheint der Kulturwandel als Wandel der Potenzen der Kultur und ihrer Wechselbeziehungen. Stellt man sich den „fait social total" als Resultante der verschiedenen Potenzen vor, dann wirken sich die Veränderungen im Kräfteparallelogramm sofort auch auf den „fait social total" aus. Zum anderen aber läßt sich der Kulturwandel auch von seiner subjektiven Seite her verstehen, nämlich als Wandel in der Sinngebung kultureller Erscheinungen. Kulturwandel zeigt sich so als Wandel der Wertschätzungen.

Nach diesen Ausführungen wollen wir uns dem konkreten „fait social total", dem unsere Untersuchungen gelten, dem Prestige, zuwenden.

---
19 op. cit.: XXVII
20 Mauss erwähnt zwar Simmel, scheint aber die Philosophie des Geldes nicht gekannt zu haben.

3. DAS PRESTIGE ALS WISSEN VOM VORBILDLICHEN

Unlängst widmeten gleich zwei Zeitschriften, die „Revue Tiers Monde"[21] und die „Cahiers de l'I. S. E. A. Economies et sociétés"[22] je eine Nummer dem Prestige und seiner Bedeutung für die Wirtschaft. In seinem einführenden Aufsatz: „Les fonctions sociales de l'ostentation économique" stellt Jean Poirier fest: Die Prestige-Wirtschaft „ist zugleich ein wichtiger und ein sehr selten behandelter Gegenstand. Er ist schwierig, weil er auch religiöse Probleme beinhaltet und vom Beobachter fordert, daß dieser sich mit den Grundlagen des Wertsystems der untersuchten Gesellschaft auseinandersetze"[23]. Als besonders fruchtbar erscheint uns Poiriers Ansatz, in der Prestige-Wirtschaft das Moment der Aussage, der gesellschaftlichen Botschaft, zu betonen. Der betriebene Aufwand ist kein Selbstzweck, sondern soll ja etwas zum Ausdruck bringen: „Wir befinden uns in einem Bereich von Bedeutungen, darin das Wirtschaftliche und das Gesellschaftliche unauflösbar miteinander verbunden sind: die gesellschaftliche Botschaft nimmt einen wirtschaftlichen Ausdruck an..."[24]. Er betont, daß das Prestige ein ganzheitliches (holistique) Phänomen sei; der techno-ökonomische und der sozio-religiöse Anteil dürften nicht gesondert untersucht werden, sie stünden nämlich nicht in bloßer Wechselbeziehung, sondern bildeten eine organische Einheit (liaison organique). Das Wesen des Prestiges wird im schaustellerischen und prahlerischen (ostentatoire) Verhalten gesehen, was wohl mit dem gewählten Ausgangspunkt der Untersuchung, der Wirtschaft zusammenhängen mag, denn dieser Aspekt des Prestiges wirkt sich da am stärksten aus. Aber das scheint uns lediglich *ein* Faktor des Prestiges zu sein, der zwar von großer Bedeutung ist, aber nicht den Kern des Phänomens ausmacht.

Wir hatten uns dem Prestige nicht von der Seite der Wirtschaft, sondern von den sozialen Beziehungen her angenähert. Die Fragen, von denen wir ursprünglich ausgegangen waren, lauteten: Welche Rolle spielt das Wissen, das die Individuen voneinander haben, in den sozialen Beziehungen?[25] Wie entsteht dieses Wissen? Von welchen Faktoren ist es abhängig? Dabei erkannten wir, daß das Prestige selber eine Art Wissen darstellt und *nur* durch diese Eigenschaft von Bedeutung ist. Prestige ist also nicht wie blonde Haare, braune Augen, Intelligenz oder Muskelstärke, eine Eigenschaft des Individuums, sondern ein Wissen, das andere Leute über eine bestimmte Konfiguration von Merkmalen dieses Individuums haben.

---

21 Tome IX, Nr. 33 Janvier—Mars 1968
22 Tome II, Nr. 4 Avril 1968
23 Poirier (1968 a): 3
24 op. cit.: 4
25 Daß das Wissen eine wichtige Funktion bei der Vergesellschaftung spielt, hat Simmel besonders deutlich in seiner „Soziologie" herausgestellt: „Alle Beziehungen von Menschen untereinander ruhen selbstverständlich darauf, daß sie etwas voneinander wissen... Daß man weiß, mit wem man es zu tun hat, ist die erste Bedingung, überhaupt mit jemandem etwas zu tun haben;..." (S. 337). Dieses Wissen hat er auch ausdrücklich als Voraussetzung einer jeden Vergesellschaftung bezeichnet (S. 31). Auch Scheler hat auf diese Bedeutung des Wissens hingewiesen: „Die Metaphysik des Wissens des Menschen vom Menschen, des möglichen ‚Habens' des Menschen — d. h. die Frage, wie die tief verborgenen ontologischen und erkenntnismäßigen Beziehungsarten des Menschen zum Menschen dem Weltgrund eingeordnet sind und welcher Art von ‚Verkehr' des Menschen mit dem Menschen durch den Weltgrund und durch seine Vermittlung überhaupt möglich sind und welche nicht — das entscheidet allein im letzten Grunde, was der Mensch ist und bedeutet". (Scheler (1926): 247)

Daß das Wissen das entscheidende Charakteristikum des Prestiges ist, läßt sich leicht feststellen, indem man versucht, es sich wegzudenken: Es mag jemand in Wirklichkeit noch so tapfer, weise, mächtig und reich sein — weiß niemand davon, so ist es sinnlos, ihm Prestige zuzusprechen. Umgekehrt aber kann jemand der größte Schuft sein, aller nützlichen Fähigkeiten ermangeln — gelingt es ihm jedoch, die Leute glauben zu machen, daß er sie habe, so wird es bald von ihm heißen, er habe Prestige. Das bedeutet also, daß allein das Wissen und nicht objektiv vorhandene Eigenschaften über das Vorhandensein oder Fehlen des Prestiges entscheiden. Gehört aber nun das Wissen zum Wesen des Prestiges, dann ist auch klar, weshalb die Schaustellerei eine so bedeutsame Rolle spielt: Sie dient zur Wissensvermittlung; der wirtschaftliche Aufwand soll beweisen, welche Fähigkeiten das Individuum, das Prestige haben möchte, besitzt.

Untersucht man nun die Inhalte desjenigen Wissens, das Prestige ist, so ergibt sich Folgendes:

Das Prestige eines Individuums besteht aus dem Wissen, das die Angehörigen seiner Bezugsgruppe von seiner Vorbildlichkeit haben.

Das Vorbildliche wäre also der maßgebende Inhalt des Wissens. Wir möchten das präzisieren, und genauer bestimmen, was wir unter ‚Vorbild' und ‚vorbildlich' verstehen wollen.

3.1. Das Vorbild: Ziel des Strebens

Das Vorbild stellt für die Gesellschaft den Typus des Menschen dar, der sie zur Vollendung — so wie sie sie versteht — führen soll. Entsprechend ist das Gegenbild[26] der Typ, der diese Vollendung verhindert. Vorbild und Gegenbild sind somit auf den *Entwurf*[27], den die Gesellschaft sich von ihrer Zukunft gemacht hat, bezogen. Gibt es in einer Gesellschaft hegemoniale Bestrebungen, so wird sie andere Vorbilder wählen als eine, die nur das Heil der Seele sucht oder Wohlstand und Sicherheit für alle will.

Das gesellschaftlich gültige Vorbild ist jeweils die Verkörperung der Fähigkeiten, welche notwendig sind, um diesen Entwurf zu realisieren.

Weist nun ein Individuum nach, daß es im Besitze dieser Fähigkeiten ist, so kann es von der Gesellschaft mit einem ihrer Vorbilder identifiziert werden. Das Individuum wird auf diese Weise selber zum Vorbild, und die Gesellschaft weiß, was sie von ihm erwarten und fordern darf: daß dieses vorbildliche Individuum sie ihrer Vollendung entgegenführe. Der Nachweis, daß das Individuum tatsächlich über diese vorbildlichen Fähigkeiten verfügt, geschieht durch die Erfolge, auf welche es sich berufen, und durch die, welche es noch in Aussicht stellen kann.

Erfolg ist aber ein vieldeutiges Phänomen; wir werden es genauer analysieren und dabei auch weiteren Aufschluß über das Vorbild und das Vorbildliche gewinnen.

---

26 Zu den Begriffen ‚Vorbild' und ‚Gegenbild' vgl. die Abhandlung von Max Scheler „Vorbilder und Führer" in Scheler (1933): 149—224. Indem er das Verhältnis zwischen Vorbilder und Führer untersuchte, konnte er den Verbindungen nachgehen zwischen den in der Gesellschaft gültigen Wertvorstellungen und den Herrschaftsformen.

27 Es gibt zwei prinzipiell voneinander verschiedene Arten von Entwürfen: im einen ist das entworfen, was noch nicht ist, aber durch Veränderung der gegenwärtigen Zustände realisiert werden soll (Utopie); im anderen bezieht sich der Entwurf auf das bereits Vorhandene, das auch weiterhin erhalten bleiben soll.

3.2. Der Erfolg: Das maßgebende Kriterium des Prestiges

Im sechsten Kapitel des „Fürsten" entwickelt Machiavelli zwei Begriffe, die sich gut eignen, um das Phänomen des Erfolges zu untersuchen: *virtù* und *fortuna*. Beim Zusammentreffen beider entsteht der Erfolg.

3.2.1. Die archaischen Wurzeln der Vorstellungen über den Erfolg: virtù, virtus und fortuna

Hätte Moses keine virtù, also nicht die notwendigen Fähigkeiten besessen — erläutert Machiavelli —, dann hätte er die Juden nicht aus Ägypten fortzuführen vermocht, und diese wären weiter Knechte geblieben. Hätte aber Moses zwar virtù gehabt, jedoch keine fortuna, das heißt, hätte sich ihm nicht jene günstige Gelegenheit geboten — sei es, weil der Pharao zu mächtig gewesen wäre, sei es, weil die Juden nicht hätten auswandern wollen —, auch dann hätte Moses nicht erfolgreich sein können.

In diesem Sinn entsteht Erfolg aus dem Zusammenwirken von virtù und fortuna: einerseits läßt virtù das Individuum erkennen, wo seine fortuna liegt und befähigt es, sie zu meistern; andererseits schafft fortuna die benötigten Umstände, ohne welche virtù machtlos wäre.

Machiavelli vergleicht sie im 25. Kapitel mit einem reißenden Strom, der, wenn er aus den Ufern tritt, die schrecklichsten Verwüstungen anrichten kann, eingedämmt oder in ruhigem Lauf aber von größtem Nutzen für die Menschen ist. Fortuna, könnte man vom Bild abstrahierend sagen, ist die *Dynamik der Umstände*, die virtù zwar verwenden kann, um ihre Ziele zu erreichen, die aber in ihrer Gewalt auch alles zu zerstören vermag.

In Machiavellis virtù klingt hörbar noch virtus mit, ein Grundbegriff des römischen Menschenbildes[28]. Er beinhaltet Mannhaftigkeit, Tüchtigkeit, Kraft und Stärke, auch Tapferkeit, Mut und Tugendhaftigkeit, ist also der „Inbegriff der Männlichkeit"[29] und der männlichen Tugenden. In seinem Aufsatz über „Altrömische und horazische virtus" zitiert Karl Büchner Plautus: „Virtute vincere, den Sieg durch virtus erringen"[30]: virtus ist die Kraft, die den Sieg, den Erfolg, zustande bringt.

Virtus erinnert in vielen ihrer Züge an die Macht- und Manavorstellung: Ebenso wie Mana ist virtus eine Kraft, deren Vorhandensein durch den Erfolg bewiesen werden muß. Der Sieg, die gelungene Kopfjagd, etc. dienen als Nachweis, daß das Individuum Mana hat. Mana und virtus meinen Fähigkeiten, die es dem Menschen erlauben, Großes zu tun und Überdurchschnittliches zu leisten. Mana allerdings ist ein umfassenderer Begriff, der zur Kennzeichnung des Außergewöhnlichen, Überdurchschnittlichen überhaupt dient, gleichgültig ob es in einem Ding, einem besonders großen Stein etwa, in einer auffallend fruchtbaren Pflanze, in der zerstörerischen Gewalt des Sturmes oder eben in der — guten oder verbrecherischen[31] — Kraft eines Menschen erscheint. Virtus hingegen findet sich allein im Menschen und — das ist der entscheidende Unterschied — virtus ist nicht wertneutral wie Mana, sondern stets auf positive Werte bezogen.

---

[28] Curtius (1967): 370—375
Büchner (1967): 376—401
[29] Curtius (1967): 370
[30] Büchner (1967): 378
[31] Auch der Übeltäter kann Mana haben: Kraft, Böses zu tun.

Diese Bezogenheit wird ersichtlich, wenn wir die Eigenschaften der virtus: Tugendhaftigkeit, Tapferkeit, Beharrlichkeit, etc. nochmals ansehen. Sie alle dienen dazu, die — im Bewußtsein der Römer natürlich als positiv gegebene — Eigenart der Kultur, im Fall der Römer also die res publica, zu wahren und sie auch in der Zukunft zu realisieren. Virtus ist somit die Kraft, die dem Römer erlaubt, einen seiner höchsten Werte: die res publica *weiterhin* zu realisieren, und das heißt die Zukunft so zu gestalten, wie sie im Wert der res publica angelegt und entworfen worden war[32].

Für den Römer und auch für Machiavelli war virtus, bzw. virtù der Inbegriff der *politischen* Tugenden. Für unsere Fragestellungen wird es aber notwendig sein, den Begriff virtù allgemeiner zu fassen, damit wir auch von der virtù der Schamanen, der Gelehrten, der Kaufleute, etc. sprechen können. Dann werden wir auch imstande sein, den religiösen, wirtschaftlichen, wissenschaftlichen Erfolg genauer zu charakterisieren. Diese allgemeine Bestimmung wird möglich, wenn wir virtù auf den von der Gesellschaft geschaffenen Entwurf der Zukunft beziehen.

Virtù ist dann der Inbegriff der Eigenschaften, die dem Menschen erlauben, den Entwurf seiner Gesellschaft zu realisieren. Dies bedeutet das Selbstverständliche, daß jede Gesellschaft je nachdem, welche Ziele sie sich gesetzt hat, virtù immer anders definieren wird: die virtù eines Fußballspielers wird von der Fußballmannschaft inhaltlich anders definiert werden, als die des Gelehrten von seiner Akademie; in einer Kriegergesellschaft fordert man vom Krieger andere Fähigkeiten als der Karmeliterorden von seinen Nonnen — und dennoch bleibt die Funktion dieser Fähigkeiten insofern die gleiche, als sie dazu dienen, den Entwurf der Gemeinschaft zu realisieren.

Der Zusammenhang zwischen virtù und Vorbild wird deutlich geworden sein: das Vorbild ist die Verkörperung der virtù; es zeigt fast wie in einem Modell, was Tapferkeit, Frömmigkeit, Weisheit, Geschäftstüchtigkeit bedeuten, wenn sie im Leben verwirklicht werden sollen.

EXKURS

Max Webers Charisma-Begriff und der Begriff der virtù

Die Art und Weise wie Max Weber in „Wirtschaft und Gesellschaft" Charisma bestimmt, könnte die Einführung der virtù als neuen Begriff unnötig erscheinen lassen. Für ihn ist Charisma eine außeralltägliche Qualität, die den Menschen besondere Kräfte verleiht, so daß sie deswegen von einer Anhängerschaft als Vorbilder und Führer anerkannt werden[33]. Die Verwandtschaft mit

---

32 Stark (1967): 42—110; Drexler (1967): 111—119
33 M. Weber, (1964): 179: „'Charisma' soll eine als außeralltäglich (ursprünglich, sowohl bei Propheten wie bei therapeutischen wie bei Rechts-Weisen wie bei Jagdführern wie bei Kriegs-Helden: als magisch bedingt) geltende Qualität einer Persönlichkeit heißen, um derentwillen sie als mit übernatürlichen oder übermenschlichen oder mindestens spezifisch außeralltäglichen, nicht jedem anderen zugänglichen Kräften oder Eigenschaften (begabt) oder als gottgesandt oder als vorbildlich und deshalb als 'Führer' gewertet wird. Wie die betreffende Qualität von irgendeinem ethischen, ästhetischen oder sonstigen Standpunkt aus 'objektiv' richtig zu bewerten sein würde, ist natürlich dabei begrifflich völlig gleichgültig: darauf allein, wie sie tatsächlich von den charismatisch Beherrschten, den Anhängern, bewertet wird, kommt es an."

Begriffen wie Mana, Orenda, etc. wird ausdrücklich erwähnt: „... vornehmlich diese *außeralltäglichen* Kräfte sind es, welchen gesonderte Namen: „mana", „orenda", bei den Iranern „maga" (...) beigelegt werden, und für die wir hier ein für allemal den Namen „Charisma" gebrauchen wollen"[34]. Und wie bei der virtù erweist sich der Besitz von Charisma ebenfalls durch Bewährung und Erfolge; bleiben diese aus, so schwindet die Autorität[35].

Trotz dieser Gemeinsamkeiten zwischen Charisma und virtù scheint es mir vorteilhaft, am Begriff der virtù festzuhalten, denn die Unterschiede, welche vorhanden sind, und auf welche ich nun zu sprechen komme, erlauben uns den Bereich, in dem virtù und Prestige wirksam sind, deutlicher zu sehen. Wesentlich für das Charisma ist seine Außeralltäglichkeit; seine Kräfte sind übernatürlich, über-menschlich, außer-ordentlich; sein Wirkungsbereich liegt im Außer-Gewöhnlichen, dort wo Sitte und Gewohnheit nicht mehr ausreichen: „Aber jedes besondere Ereignis: große Jagdzüge, Dürre oder anderweitige Bedrohung durch den Zorn der Dämonen, vor allem aber kriegerische Gefährdung, lassen sofort das Charisma des Helden in Funktion treten. Der charismatische Jagd- und Kriegsführer steht oft neben dem Friedenshäuptling, der vornehmlich ökonomische Bedeutung hat..."[36].

Herrschaft, die auf Charisma beruht „ist, als das *Außer*alltägliche, sowohl der rationalen, insbesondere der bürokratischen als auch der traditionalen... schroff entgegengesetzt. Beide (also die traditionale und rationale Herrschaft; M. E.) sind spezifische Alltagsformen der Herrschaft, — die (genuin) charismatische ist spezifisch das Gegenteil"[37].

Deshalb ist Charisma „*die* große revolutionäre Macht in traditional gebundenen Epochen... Charisma *(kann)* eine Umformung von innen her sein, die, aus Not oder Begeisterung geboren, eine Wandlung der zentralen Gesinnungs- und Tatrichtung unter völliger Neuorientierung aller Einstellungen zu allen einzelnen Lebensformen und zur ‚Welt' überhaupt bedeuten"[38].

Ist nun Charisma die große Kraft, die den Menschen antreibt, Neuerungen durchzusetzen und das Alte umzustürzen, so beruht die Macht der virtù in ihrer Fähigkeit zu *konservieren* und das Alte zu bestätigen, indem sie seine Ideale in vollem Glanz verwirklicht. Der Bereich der virtù ist der *Alltag* und seine Ordnung, die durch sie erst zu ihrer Vollendung kommen kann.

Die Einstellung des charismatischen Führers zur Überlieferung kennzeichnet Max Weber durch den Satz: „Es steht geschrieben, — ich aber sage euch"; der Träger des Charisma „verkündet, schafft, fordert ‚neue' Gebote"[39]. Der Virtuose, der, welcher virtù besitzt, bemüht sich hingegen, die *überlieferten* Gebote vollendet zu erfüllen.

Stellen wir Charisma und virtù gegeneinander, so können wir sagen: Charisma setzt neue Werte, begründet Normen und ist die Ausnahme, die neue Regeln fordert; virtù realisiert die überlieferten Werte, ist maßstabs-

---

34 op. cit.: (1964) 318
35 op. cit.: (1964): 179
36 op. cit.: 852
37 op. cit.: 180
38 op. cit.: 182
39 op. cit.: 180

gebunden und ist zwar auch eine Ausnahme, aber eine solche, die die überkommenen Regeln bestätigt.

Diese Unterschiede zwischen Charisma und virtù kommen indessen zur Aufhebung durch den Vorgang, den Max Weber die *Veralltäglichung des Charisma* genannt hat. Man könnte durchaus sagen, virtù sei veralltäglichtes Charisma, aber: veralltäglichtes Charisma ist eben kein Charisma mehr. Daher wäre es nützlich, einen neuen Begriff zu prägen und dafür, glaube ich, könnte virtù sich als geeignet erweisen. Denn so wie „die charismatische Herrschaft... ihren Charakter wesentlich ändern"[40] muß, wenn sie ‚veralltäglicht', wird sich auch die Struktur des Charisma wandeln müssen, um seine explosive revolutionierende Kraft zu verlieren. „Sie wird traditionalisiert und rationalisiert"[41], also gleichsam eingedämmt, um dem Alltag eingepaßt werden zu können. „Mit der Veralltäglichung mündet der charismatische Herrschaftsverband weitgehend in die Formen der Alltagsherrschaft...[42]". Und weiter heißt es: „Die Veralltäglichung des Charisma ist in wesentlicher Hinsicht identisch mit Anpassung an die Bedingungen der Wirtschaft als der kontinuierlich wirkenden Alltagsmacht. Die Wirtschaft ist *dabei* führend, nicht geführt"[43].

Betrachten wir, was wir durch diese Abgrenzung zwischen Charisma und virtù gewonnen haben. Deutlich ist einmal die *Alltäglichkeit* der virtù und damit auch des Prestiges geworden. Man kann deshalb von der virtù und dem Prestige eines Fußballspielers oder Gelehrten sprechen, während der Ausdruck Charisma hier kaum am Platze wäre. Diese Bezogenheit der virtù auf den Alltag führt dazu, daß sie ihrem Wesen nach zutiefst *konservativ* ist, und das heißt, die Bedingungen des Alltags zu erhalten trachtet. Von Bedeutung ist schließlich der Zusammenhang zwischen virtù und *Wirtschaft*, der ja ebenfalls durch die Alltäglichkeit der virtù bedingt ist. Wenn wir später auf die Funktion der virtù und des Prestiges und auf den Wandel ihres Gehaltes zu sprechen kommen, wird uns dieser Zusammenhang wichtige Aufschlüsse geben können.

Wir kamen zum Begriff der virtù, als wir sagten, daß Erfolg dann entsteht, wenn virtù und fortuna zusammenwirken. Was aber Erfolg sei, blieb indessen noch offen. Nun können wir ihn schärfer charakterisieren: *Erfolg* besteht in der *Realisierung eines Wertes*. Ein erfolgreicher Kriegsherr ist der, welcher gesiegt hat, und durch diesen Sieg — zum Beispiel — die Ehre seines Vaterlandes oder die Freiheit gerettet hat; erfolgreich ist der Schamane, dem es gelingt, die wertvolle Gesundheit dem Kranken zurückzugeben — Erfolg kündet also immer von der Realisierung eines Wertes.

Indem wir die Begriffe virtù und fortuna einführten, waren wir in der Lage, den menschlichen Anteil (virtù) und den Anteil der äußeren Umstände (fortuna) am Erfolg zu unterscheiden. So wird es auch verständlich, weshalb der Erfolg ein entscheidender Moment beim Erwerb von Prestige ist, oder anders gesagt, worauf der informative Wert des Erfolges beruht: hat jemand Erfolg gehabt, das heißt, hat er einen in seiner Gesell-

---

40 op. cit.: 182
41 ebenda
42 op. cit.: 186
43 op. cit.: 188

schaft gültigen Wert realisiert, dann kann die Gesellschaft auf seine virtù schließen und ihn im gleichen Augenblick mit dem entsprechenden Vorbild in Verbindung bringen. Durch diese Verbindung schafft sich die Gesellschaft das Bild des Individuums, weiß wen sie vor sich hat, und was sie von ihm erwarten kann: daß es sich, kraft seiner virtù, an der Realisierung ihres Entwurfes mitbeteiligen wird.

3.3. Das Bild und der Wert des Vorbildlichen

Das Wissen von der Vorbildlichkeit beinhaltet nicht nur solche abstrakte Vorstellungen wie die der virtù oder des gesellschaftlichen Entwurfes, sondern auch anschauliche. Weiß die Gesellschaft, daß jemand ein Vorbild ist, so macht sie sich auch ein recht genaues Bild von diesem Individuum. Der Priester, der Held, der Professor, ja sogar der Revolutionär müssen etwas auf ihre Erscheinung geben, und oft schreibt die Gesellschaft diese äußere Erscheinungsweise bis in die Einzelheiten vor. Sind diese institutionalisiert, genormt, so kann man von Abzeichen sprechen, an denen die Gesellschaft den Status des entsprechenden Individuums genau ablesen kann[44].

Daß das Bild eines Individuums eng mit den Statuszeichen, die seine Stellung in der Gesellschaft anzeigen, verbunden ist, weist uns auf ein weiteres Element, das ebenfalls im Vorbildlichen impliziert ist, auf den Wert des Individuums, hin: im Wissen von der Vorbildlichkeit eines Menschen ist auch das Wissen, welchen Wert er hat, enthalten. Dieser Wert wird bestimmt durch die Rangordnung der Vorbilder die in dieser Gesellschaft gültig ist. In einer Kriegergesellschaft zum Beispiel, in welcher das Vorbild des Kriegers den höchsten Rang einnimmt, wird dem vorbildlichen Priester, bzw. Bauern oder Kaufmann ein niedrigerer Wert als dem Krieger zuerkannt werden. Die Rangordnung der Vorbilder ist abhängig vom Beitrag der Leistungen an der Realisierung des gesellschaftlichen Entwurfes, und zwar nimmt dasjenige Vorbild, dessen virtù die für die Realisierung wichtigsten Eigenschaften in sich vereint, den höchsten Platz in der Hierarchie ein. Es versteht sich hier von selbst, daß die Wichtigkeit der Leistungen immer nur von der Einsicht der Angehörigen der Kultur in die kulturellen Zusammenhänge aus bemessen werden darf[45].

3.4. Prestige und soziales Verhalten: Verhaltenserwartung und Verhaltensreaktion

Das Wissen von der Vorbildlichkeit eines Individuums umfaßt weiter die Kenntnis:

a) von der Art und Weise, wie sich das vorbildliche Individuum zu verhalten hat, nämlich gemäß seinem Vorbild *(Verhaltenserwartung)*. Weicht das Individuum jedoch davon ab, so kommt es entweder zu Sanktionen

---

44 Über Statuszeichen vgl. Kluth (1957): 36: „Die Zeichen müssen Auskunft darüber geben, ob der nicht mehr persönlich bekannte Andere oberhalb, unterhalb, auf gleicher Ebene rangiert". Über die Kriterien der Auswahl der Zeichen: S. 41.

45 Den Zusammenhang zwischen Hierarchie, Status und Realisierung der Werte der Gesellschat hat Kluth (1957) sehr deutlich herausgearbeitet: „Sozialer Status läßt sich ... als Teilhabe an oder Eingeordnetsein in einer Gesellschaftsschicht von relativer Dauerhaftigkeit und innerer Konsistenz definieren, die ihrerseits wieder in ein hierarchisch von einem zentralen Wert abgeleitetes Ranggefüge eingegliedert ist" (S. 6) und „Status ist der Grad der Teilhabe an der Verwirklichung der zentralen Werte" (S. 27).

oder aber das ursprüngliche Vorbild wird nun modifiziert und wirkt mit seinen Neuerungen weiter, und

b) von der Art und Weise, wie die Bezugsgruppe auf das vorbildliche Individuum reagieren soll: dem vorbildlichen Heiligen schuldet man die Bereitschaft zur Nachfolge, dem vorbildlichen Führer Gehorsam, dem vorbildlichen Arzt Vertrauen, etc. *(Verhaltensreaktion)*. Ganz allgemein kann man sagen: die Gesellschaft soll die Vorbildlichkeit des Individuums anerkennen, sich ihm unterordnen und zur Verfügung stellen, um ihm bei der Verwirklichung seiner Aufgabe zu helfen. Mit anderen Worten: die Identifikation eines Individuums mit einem Vorbild stiftet ein *Autoritätsverhältnis* zwischen diesem Individuum und der Gesellschaft[46].

3.5. Zusammenfassung: Definition des Prestiges

Unter dem Prestige eines Individuums verstehen wir das Wissen, das die Bezugsgruppe dieses Individuums von dessen Vorbildlichkeit hat.

Dieses Wissen umfaßt die Kenntnis
a) des in dieser Bezugsgruppe gültigen *Entwurfes der Gesellschaft* und der zu seiner Realisierung notwendigen Eigenschaften *(virtù)*;
b) des *Wertes,* der diesem vorbildlichen Individuum auf Grund seiner der Gesellschaft bekannt gewordenen *Erfolge* zukommt, und der den Status dieses Individuums in der Hierarchie festlegt;
c) des *Bildes* dieses Individuums. Dazu gehören besonders Schmuck und Statuszeichen;
d) des Verhaltens, das die Bezugsgruppe von diesem Individuum erwartet, und zwar im Hinblick auf die Realisierung des Entwurfes der Gesellschaft *(Verhaltenserwartung)*, und
e) des Verhaltens, wodurch die Bezugsgruppe dieses vorbildliche Individuum bei der Realisierung des Entwurfes unterstützen kann *(Verhaltensreaktion)*.

Die Faktoren a—e sind voneinander abhängig.

4. DAS PRESTIGE UND DIE STRUKTUREN DER MACHT

4.1. Macht und Prestige

Prestige ist oft als eine Form von Macht definiert worden. Für Vierkandt ist Prestige „irrationale, zauberische Macht"[47], Heintz bestimmt Prestige ebenfalls als Macht[48], obwohl er selber davon ausgeht, daß Prestige und Macht sich nicht immer decken[49] und somit eigentlich gar nicht identisch sein können. Simmel definierte das Prestige als „individuelle Kraft des Führers"[50], stellte es der institutionalisierten Macht gegenüber und näherte sich so dem Charisma-Begriff Max Webers. Diesem verwandt ist auch Leopolds sehr schillernde Auffassung, Prestige sei „etwas Absolutes, Sicheres, an das man sich nicht heranwagt: das man ... kritiklos begünstigt"[51].

Unsere Definition des Prestiges erlaubt uns, eindeutigere Aussagen zu machen und Macht und Prestige deutlich voneinander zu unterscheiden.

---
46 Scheler (1933): 153
47 Vierkandt (1931): 137
48 Heintz (1968): 31
49 op. cit.: 25
50 Simmel (1908): 137
51 Leopold (1916): 63

„Macht", definierte Max Weber, „bedeutet jede Chance, innerhalb einer sozialen Beziehung den eigenen Willen auch gegen Widerstreben durchzusetzen, gleichviel worauf diese Chance beruht"[52]. Man muß also gemäß dieser Definition die Chance, den eigenen Willen durchzusetzen, unterscheiden von dem, worauf diese Chance beruht. Werden aber Macht und Prestige als identisch betrachtet, so vernachlässigt man diesen Unterschied, der in der Logik demjenigen zwischen Bedingung und Bedingtem entspricht. Auf diese Weise kommt es zu vielen Unklarheiten, die die Analyse des Prestiges unscharf werden lassen.

Macht ist die Möglichkeit, den eigenen Willen durchzusetzen; Prestige ist als das Wissen von der Vorbildlichkeit eine Bedingung dieser Möglichkeit. Sie schafft, wie wir sahen, ein Autoritätsverhältnis.

Max Webers Definition der Macht zufolge kann man Machtformen einmal durch die Art und Weise wie der Wille durchgesetzt wird, unterscheiden und sodann durch das, worauf jeweils die Chance der Willensdurchsetzung beruht. Das Charakteristikum der Macht, die auf Prestige beruht, ist der Akt der Anerkennung, und zwar einer ständig — durch die Forderung nach Erfolg — in Frage gestellten Anerkennung. Entweder wird diese bestätigt und das Autoritätsverhältnis erneuert, oder verworfen und die Beziehung aufgelöst. Eine solche Macht ist also keine sichere, sie muß vielmehr immer von neuem erworben werden. Auf diese Weise ist Prestige gewiß eine der ältesten und wirksamsten Formen der Machtkontrolle. Macht, die derart kontrolliert und von der Anerkennung durch die sich unterordnenden Individuen abhängig ist, wollen wir als *Autorität* bezeichnen. Wir werden später diesen Begriff der Autorität noch gegen den der Herrschaft abzugrenzen versuchen.

4.2. Autorität und Prestige: Strukturen des Konsens

Ein Führer, dessen Macht in erster Linie von der Anerkennung durch die Geführten abhängig ist, ist selber ein Geführter[53]. Das, was ihn führt und ihm übergeordnet wird, ist das Vorbild. Die Struktur eines auf Konsens beruhenden Autoritätsverhältnisses kann als eine Art Dreieck beschrieben werden, dessen Ecken das Vorbild, der Führer und die Gefolgschaft, und dessen Seiten die Beziehungen untereinander wären.

Die Gesellschaft erkennt das Vorbild an; es ist ein Ideal, und jeder ihrer Angehörigen strebt danach, sich damit zu identifizieren. Aber als Ideal ist es — für die meisten — im Unerreichbaren; Burckhardt sagt lakonisch: „Größe ist das, was wir nicht sind"[54]. Und eben dieses Bewußtsein der Unzulänglichkeit schafft eine ambivalente Einstellung zum Vorbild: Als Ideal ist es das Geschätzte und Erstrebte, als das Unerreichbare ist es das Unbehagliche, das irgendwie ein Schuldgefühl erzeugt[55], und das deshalb Abwehr fordert.

Das Vorbild ist das Leitbild des Führers, sein Verhalten sollte das Spiegelbild des durch das Vorbild Vorgelebten sein.

Wir werden später sehen, daß dort, wo Herrschaft und Religion eine besonders enge Verbindung eingegangen sind (bei den Azteken oder im

---

52 Weber (1964): 38
53 Simmel (1908): 138: „Alle Führer werden auch geführt".
54 Burckhardt (1929): 160
55 Freud (1950): 276

alten Ägypten zum Beispiel), das höchste Vorbild die Gottheit selber ist, und daß der Herrscher entweder zur Verkörperung oder zum Abbild des Gottes wird.

Der Führer sollte das Vorbild auch nachahmen, aber nicht etwa bloß deshalb, weil die Gefolgschaft das *fordert*, sondern weil von jedem wirksamen Vorbild eine bezaubernde Faszination ausgeht. Nietzsche bemerkte über die Moral: Sie „gebietet nicht nur über jede Art von Schreckmitteln, um sich kritische Hände und Folterwerkzeuge vom Leibe zu halten: ihre Sicherheit liegt noch mehr in einer gewissen Kunst der Bezauberung, auf die sie sich versteht, — sie weiß zu begeistern"[56]. Zu begeistern gerade durch das Vorbild.

Das ambivalente Verhältnis der Gefolgschaft zum Vorbild überträgt sich in der Regel auf die Beziehung zwischen Gefolgschaft und Führer.

Hofstätter fand, daß bei der Führerwahl „zwei dialektische Momente" entschieden: 1. Der Führer muß „anders beschaffen sein als die übrigen Angehörigen der Gruppe", er sollte sich zum Beispiel durch seine Leistungen ausgezeichnet haben und mehr können. 2. Er muß „dem allgemeinen Typus der Gruppenangehörigen möglichst gleichartig sein"[57], so daß er als einer der ihren wiedererkannt werden kann. Als der Andere wird er gefürchtet, als der Vertraute wird er geliebt, und im Akt der freiwilligen Unterordnung muß beides sich zur Synthese vereinigen.

Hinter diesen beiden Momenten, die die Wahl bestimmen, bemerken wir das Verhältnis der Gesellschaft zu ihren Vorbildern. Das Individuum, das zum Führer wurde, weil man es als Vorbild identifizierte, ist als Vorbild sowohl das als eigene Möglichkeit Erträumte und Erstrebte als auch das gefürchtete Ideal, also das, was ‚man' selber nicht ist.

„Die Gruppe tendiert dazu, sich ihre eigenen Führer zu schaffen; der Führer erwirbt sich seine Macht nur dadurch, daß er die Normen der Gruppe genauer als jeder andere einhält"[58]. Die Normen dieser Gruppe nun finden ihre Verkörperung im Vorbild, und zwar gerade in Gesellschaften, die keinen geschriebenen Gesetzeskodex aufweisen. Das Vorbild dient der Gesellschaft somit als *Maßstab*, um ihre Führer zu beurteilen, um jede Abweichung zu kontrollieren und entsprechend reagieren zu können. In dieser seiner Gebundenheit an das gesellschaftlich gültige Vorbild trifft Homans Satz: „Er (der Führer; M. E.) ist nicht die freieste, sondern die unfreieste Person der Gruppe"[59] sicherlich zu.

Bei dieser Gebundenheit spielt einmal die Begeisterung, die den Führer an ‚sein' Vorbild bindet, eine wichtige Rolle, dann aber auch der Wunsch und Wille nach Selbstbestätigung, der ja nur durch die Anerkennung durch die Gemeinschaft und in der Form des Prestigehabens in Erfüllung gehen kann. Individuum und Gesellschaft machen sich auf diese Weise gegenseitig nutzbar: die Gesellschaft ‚benützt' den Wunsch des Menschen, wichtig zu sein, um die ihr wertvollen Ziele verwirklichen zu lassen; das Individuum nimmt die Gesellschaft — als eine Art Resonanzboden — in Anspruch, um sich bestätigt zu fühlen. So gesehen, erscheint das Prestige als eine der gelungensten Möglichkeiten, Individuum und Gesellschaft miteinander auszusöhnen und in Einklang zu bringen.

---
56 Nietzsche, Morgenröte: 4
57 Hofstätter (1959): 351
58 Homans (1960): 157
59 ebenda

Wenn auch die Gesellschaft dieses Streben des Individuums nach Vorbildlichkeit mit ihrer Anerkennung belohnt, so mischt sich in diese Anerkennung oft genug auch Mißtrauen. Und dies nicht nur im Zusammenhang mit der an und für sich ambivalenten Einstellung zu Vorbild und Führer. Etwas anderes spielt hier hinein: der erfolgreich danach Strebende weiß immer mehr als die Gesellschaft, da er sich *und* die Wünsche der Gesellschaft kennt, während diese, die hier ja nur Publikum ist, einfältig bloß das wissen kann, was sie sieht. Und was sie sieht ist lediglich, daß das Individuum sich *wie* ein Vorbild aufführt. Ob das aber tatsächlich seine einzige Absicht ist, und ihm wirklich etwas an der guten Meinung der Gesellschaft gelegen ist, oder aber ob solche Bemühungen nur vordergründig und bloßes Blendwerk sind, um eines anzustreben: Macht — das kann sie nicht ohne weiteres erkennen, und deshalb fürchtet sie, daß sobald das Individuum an die Macht gelangt ist, es alle seine Rücksichten auf ihre gute Meinung wie eine Maske fallen lassen und sich jeder Kontrolle entziehen könnte.

Dieses Mißtrauen dem vorbildlichen Individuum gegenüber spiegelt sich übrigens auch in der Geschichte des Wortes Prestige wider[60].

5. PRESTIGE UND HERRSCHAFT: DAS VERHÄLTNIS ZWISCHEN KONSENS UND GEWALT

„Herrschaft", lautet die bekannte Definition Max Webers, „soll heißen die Chance, für einen Befehl bestimmten Inhalts bei angebbaren Personen Gehorsam zu finden"[61]. Mit anderen Worten: Von Herrschaft kann man sprechen, wenn damit gerechnet werden kann, daß ein bestimmter Kreis von Menschen bereit sein wird, einem Befehl Gehorsam zu leisten. Entscheidend für das Verständnis dieser Definition ist die Max Webersche Auffassung des Gehorsams. Für ihn ist es ein Verhalten bei welchem man den Befehl ausführt „ohne Rücksicht auf die eigene Ansicht über Wert und Unwert des Befehls"[62]. Diesem Idealtypus der Herrschaft kommt das Militär am nächsten. Da hat man den Befehlen des Offiziers Folge zu leisten, ganz gleichgültig welcher Ansicht man ist, und zwar auf Grund des geleisteten Eides. Verweigert man den Gehorsam, so bricht man den Eid und wird zum Gesetzesübertreter. Und hinter dem Gesetz steht der Staat mit seiner *Gewalt*. Eine Ordnung ist für Max Weber dann Recht, „wenn sie äußerlich garantiert ist durch die Chance physischen oder psychischen Zwanges durch ein auf Erzwingung der Innehaltung oder Ahndung der Verletzung gerichtetes Handeln eines eigens darauf eingestellten Stabes von Menschen"[63]. Der Idealtypus der Herrschaft ist also durch die Möglichkeit der

---

60 Prestige stammt vom Lateinischen „prestigiae", Blendwerk, Gaukelei; „praestigium" hießen die Tricks und Kunststücke der Gaukler, und „praestringere" bedeutete unter anderem „blenden", „verdunkeln". Der „praestigiator" war der Mann, der Blendwerk trieb, den Leuten etwas vormachte und sich nicht in die Karten sehen ließ. Das Publikum sah daher nur das Wunderwerk: die Flammen, das Verschwinden und Wiederauftauchen einer Sache. Es war eine lange Entwicklung bis „Prestige" den heute üblichen Begriffsinhalt bekam — das Schillernde und schwer Greifbare seiner ursprünglichen Bedeutung blieb jedoch auch an ihm haften. Und etwas vom Mißtrauen, das man von jeher den Zauberkünstlern entgegenbrachte, hat sich wohl auch auf das nach Prestige strebende Individuum übertragen. (Leopold (1916): 38 ff)
61 Weber (1964): 39
62 op. cit.: 159
63 op. cit.: 24

Zwangsanwendung gegenüber demjenigen, der sich nicht dem Befehl beugen will, charakterisiert.

Diese Auffassung der Herrschaft ist auch von Ralf Dahrendorf übernommen und zur These von der Universalität der Herrschaft erweitert worden: „Gesellschaft ist nun einmal Herrschaft, und das heißt immer auch Zwang — bestimmte Entfremdung, damit Konflikt und Wandel"[64]. Für ihn beinhaltet der umfassende Begriff der Herrschaft: „Setzung, Anwendung und Erzwingung von Normen"[65].

Stellen wir nun diesen Theorien der Herrschaft eine andere entgegen, die nicht den Zwang, sondern den Konsensus und die Gegenseitigkeit in den Mittelpunkt stellt. (Claude Lévi-Strauss hat sie in einem 1944 erschienenen Aufsatz über das Häuptlingssystem bei den Nambikwara entwickelt.) Der Häuptling besitzt keine Zwangsmittel[66], das Widerstreben oder der böse Wille eines oder zweier Unzufriedener können deshalb das gesamte Programm des Häuptlings und das Wohlergehen seiner Gemeinschaft in Frage stellen. So kann er sich nur in dem Maße durchsetzen, als er es fertig bringt, die Mehrheit der Gruppe für sich zu gewinnen. Das Einverständnis der Gruppe mit ihrem Häuptling bildet somit sowohl die Quelle wie auch die Grenze der Macht des Häuptlings[67]. Lévi-Strauss sieht in diesem Konsens die psychologische Grundlage der Macht; die sozio-ökonomische Entsprechung ergibt sich aus dem Spiel von Geben und Nehmen zwischen dem Häuptling und seinen Gefährten. Die Gegenseitigkeit, die auf diese Weise zustande kommt, bildet eine weitere grundlegende Voraussetzung des Häuptlingtums. Als dritte Komponente der Macht bezeichnet Lévi-Strauss das „persönliche Prestige[68] und die Fähigkeit, Vertrauen zu wecken"[69].

Auf den ersten Blick könnte man meinen, daß die Theorien, welche Herrschaft durch den Zwangsapparat, und die, welche Herrschaft durch Konsensus und Gegenseitigkeit charakterisieren, einander ausschließen würden. Aber dann zeigt sich, daß sie sich nur auf verschiedene Funktionen der Herrschaft beziehen. Lévi-Strauss zum Beispiel beachtet nicht die von Dahrendorf hervorgehobene Beziehung zwischen der Herrschaft und Jurisdiktion, Exekutive und Legislative. Andererseits berücksichtigen Weber und Dahrendorf nicht oder zu wenig[70] das, was Popitz[71] auf prägnante Weise als die Ungedecktheit der Macht bezeichnet hat: Macht reiche

---

64 Dahrendorf (1967): 334; vgl. auch Weber (1922): 440 „,Zwang', physischer oder psychischer Art, (liegt) irgendwie fast allen Vergemeinschaftungen zugrunde".
65 op. cit.: 332
66 Lévi-Strauss (1944): 53, Malinowski (o. J.): 26 ff
67 op. cit.: 58
68 Levi-Strauss bezeichnet das Streben nach Prestige als eine bestimmten Menschen angeborene Anlage: „. . . es gibt Häuptlinge, weil es in allen menschlichen Gemeinschaften Menschen gibt, die im Gegensatz zu den meisten ihrer Mitmenschen Prestige um des Prestiges Willen genießen, die gerne Verantwortung tragen, und für die die Last der öffentlichen Angelegenheiten an sich schon Genugtuung schafft." (S. 61)
69 op. cit.: 52
70 Es ist bezeichnend, daß Weber auch dort, wo er auf Einverständnis, Einverständnishandeln zu sprechen kommt, das Moment des Zwanges nicht ausschalten möchte. So betont er, daß Einverständnis nicht mit „Zufriedenheit" (Weber (1922): 433) und nicht mit „Solidarität" (op. cit.: 439) verwechselt werden dürfe (vgl. ebenso Weber (1964): 246). Seine Definition des Einverständnisses schließt deshalb ganz konsequent die Motive, die zu diesem Einverständnis geführt haben, aus.
71 in einer Vorlesung.

für jeden, aber nicht für alle. Würden alle eine Norm übertreten, so wäre keine Herrschaft imstande, die angedrohten Sanktionen durchzuführen. Eine Herrschaft kann sich aber diese Ungedecktheit der Macht erlauben, weil sie damit rechnen kann, daß der maßgebende Teil der Gruppe mit ihr einverstanden ist (aus welchen Gründen auch immer). Wir können diesen Sachverhalt auch so formulieren: sozialer Zwang reiche zwar für jeden, aber nicht für alle; funktioniert die Herrschaft trotzdem, so deshalb, weil sie auf Konsensus und Formen von Gegenseitigkeit beruht. Mit anderen Worten: Das Phänomen der Herrschaft wird nur verständlich, wenn man zweierlei beachtet, nämlich *erstens* jene Institutionen, die dazu dienen, Zwang anzuwenden, falls die Untergebenen die erlassenen Befehle nicht durchführen wollen, und *zweitens* jene Einrichtungen, welche Konsensus und Gegenseitigkeit schaffen und erhalten.

Diese zwei Arten von Institutionen sind voneinander abhängig. Der Zwang gibt die Grenzen des Konsens an, und geht man davon aus, daß der Konsens das Produkt der gemeinsamen Interessen der Gemeinschaft ebenso wie ihrer Selbstverständlichkeiten ist, so zeigen der Zwang und die ihn erzeugenden Institutionen den Bereich an, wo die Gemeinsamkeit der Interessen zerbrochen ist, und die Selbstverständlichkeiten dieser Gemeinschaft in Frage gestellt sind — kurz: wo etwas im Wandel begriffen ist. Man darf vermutlich sogar annehmen, daß je mehr eine Herrschaft ihren Zwangsapparat ausbaut, und Konsensus und Gegenseitigkeit nicht mehr Sache der Gesellschaft als Ganze sind, sondern nur der herrschenden Gruppen, die Kräfte des Kulturwandels umso stärker zu Veränderungen hindrängen.

Betrachten wir das Prestige nun in diesen Zusammenhängen, so zeigt sich, daß es zu jenen Institutionen gehört, die Konsensus und Gegenseitigkeit schaffen und erhalten, und auf diese Weise das Funktionieren der Herrschaft ermöglichen. Diese Verbindung zwischen Herrschaft und Prestige läßt auch die Beziehung zwischen der Herrschaft und den höchsten Werten der Gesellschaft zum Vorschein kommen. Eine Herrschaft, die auf Prestige beruht, beruft sich darauf, daß sie diese Werte realisiere und deshalb anerkannt werden müsse. Das scheint uns einer der wichtigsten Gründe für die Stabilität einer Herrschaftsform zu sein. Gelingt es ihr nämlich, diese Verbindung zu den höchsten Werten herzustellen, dann ist ihr Bestehen mit dem Lebenssinn der Individuen dieser Gesellschaft verknüpft. Das bedeutet, daß die Individuen, welche die vielfältigen Tätigkeiten des Alltags: Erziehung des Kindes nach bestimmten Leitbildern, Arbeit, Gerechtigkeit, Vereinsleben, etc. als Beitrag zur Erfüllung dessen, was man allgemein ein sinnvolles Leben nennt ansehen, gleichsam automatisch und unbewußt die Herrschaft unter der sie leben, untermauern. Stabile Herrschaftsformen sind auf diese Weise im Alltagsleben der Individuen verankert, und sowenig diese bereit sein werden, den Sinn ihres Lebens in Frage zu stellen, sowenig werden sie an der Herrschaft rütteln. Freilich geht es nicht nur um den Sinn des Lebens. Heinrich Popitz führt in seiner Schrift über „Prozesse der Machtbildung" den Begriff des Investitionswertes ein: „So wie jeder daran interessiert ist, den Ertrag seiner Handlungen nicht zu verlieren, so wird er auch am Bestehen der Ordnung interessiert, in der er diese Handlungen eingezahlt hat. . . . So entsteht der Investitionswert der bestehenden Ordnung, der Wert des Anlagevermögens, **das** die konformen Handlungen der Beteiligten innerhalb dieser Ordnung anhäufen"[72]. Was wir als Sinn des Lebens bezeichneten, ist im Grunde genommen der natürlich nicht zu unterschätzende psychische Ausdruck der realen Investitionen, die dem Individuum seinen Platz in der Gesellschafts- (und damit auch in der Herrschafts-)Ordnung verschafft haben. Wie tief dieser Platz in der Hierarchie auch sein mag, man möchte ihn doch nicht aufs Spiel setzen und unterstützt daher weiter die bestehende Ordnung.

Es wird nun deutlich geworden sein, weshalb eine Herrschaftsform, die auf Prestige beruht, besonders stabil und schwer aus den Angeln zu heben sein wird.

6. DAS PRESTIGE ALS „FAIT SOCIAL TOTAL"

Nach den Ausführungen über das Prestige müssen wir bestimmen, inwiefern es als „fait social total" aufgefaßt werden kann.

Prestige ist
— ein *gesellschaftliches* Phänomen: einmal dadurch, daß es Produkt und Gegenstand sozialer Beziehungen ist. Solange Robinson allein auf seiner Insel lebte, konnte es für ihn kein Prestige geben; das wurde erst möglich, als Freitag erschien und Crusoe sich bemühte, ihn wissen zu lassen, wer er eigentlich sei. Indem Prestige Autorität begründet, zur Grundlage einer sozialen Beziehung wird, erweist es ebenfalls seinen Charakter als gesellschaftliches Phänomen. Dem Objektiven und Außerindividuellen, die Durkheim[73] und Mauss[74] als notwendige Bedingungen alles Sozialen betrachten, entspricht das Prestige durch seine Verankerung im Wertsystem der Gesellschaft. Wer nach Prestige strebt, muß den vorgegebenen Vorstellungen der Gesellschaft genügen;
— ein *wirtschaftliches* Phänomen, deshalb weil es begehrt ist und im „Tausch" gegen entsprechende Leistungen erworben, bzw. verloren werden kann. Es ist eine „Ware", die als „Ursache eines spezifisch rechnenden Verhaltens"[75] betrachtet werden kann. Das ist auch der Grund, warum das Prestige zum Mittelpunkt eines ganzen Wirtschaftsbereiches (économie ostentatoire[76]) werden kann;
— ein *religiöses* Phänomen: insofern seine Inhalte, insbesondere das Vorbild und der Entwurf der Gesellschaft, religiös fundiert sein können. Das wird einmal daraus ersichtlich, daß dieser Entwurf oft als Mythos tradiert wird — es sind die Götter, die den Menschen vormachen, was diese nun selber in der Geschichte realisieren sollen — und ferner daraus, daß der Akt der Realisierung des Entwurfes (also der Erfolg) oft kultische Formen annimmt und zum Gottesdienst wird. Dann wird Prestige zu einer Form der Unsterblichkeit, denn in diesem gesamtgesellschaftlichen, ja kosmischen Rahmen (da die Götter zugegen sind) bedeutet das Haben von Prestige, daß man von nun an in der Erinnerung von Göttern und Menschen immer weiterleben wird;

---

72 Popitz (1968): 36
73 Durkheim (1965): 114
74 Mauss (1969): 148
75 Weber (1964): 257
76 Auf den Ausdruck „Prestige-Wirtschaft" als Übersetzung von „économie ostentatoire" möchte ich verzichten, da unsere Definition von Prestige nicht in jedem Fall zu den Erscheinungen führt, die für die „économie ostentatoire" typisch sind. Auf diesen Punkt komme ich noch zu sprechen. Ich ziehe es vor, entweder den französischen Ausdruck zu verwenden oder Prunkwirtschaft zu sagen.

- ein rechtliches Phänomen, dadurch daß seine Inhalte normiert sind und sein Besitz im Zusammenhang mit den Rechten und Pflichten, die Individuum und Gesellschaft miteinander verbinden, steht;
- ein *ästhetisches* Phänomen, insofern Prestige Schmuck-Charakter hat, und sein Erwerb nicht nur ethischen, sondern auch ästhetischen Normen zu genügen hat, zum Beispiel durch Einhaltung eines bestimmten, den in der Gesellschaft gültigen Vorstellungen des Schönen entsprechenden Zeremoniells.

Aber — wie schon zuvor festgestellt — die Analyse des „fait social total" darf sich nicht beschränken auf die Zergliederung seiner einzelnen Momente, er muß vielmehr in der individuellen Erfahrung aufgewiesen werden. Wie kann man jedoch dieser individuellen Erfahrung habhaft werden, zumal jene Individuen, mit denen man sich beschäftigt, gar nicht mehr am Leben sind? Wir müssen versuchen, die historischen Quellen, in welchen ja der Eindruck verzeichnet ist, den ein Ereignis der Geschichte (und das Prestige gehört dazu) auf einen besonderen Geist gemacht hat[77], als Material zu verwenden, und dabei von dem ausgehen, was Jakob Burckhardt folgendermaßen beschrieben hat: „Die Kulturgeschichte ... hat primum gradum certitudinis, denn sie lebt wichtigerenteils von dem, was Quellen und Denkmäler unabsichtlich und uneigennützig, ja unfreiwillig, unbewußt und andererseits sogar durch Erdichtungen verkünden, ganz abgesehen von jenem Sachlichen, welches sie absichtlich melden, verfechten und verherrlichen mögen, womit sie wiederum kulturgeschichtlich lehrreich sind"[78]. Diese Charakterisierung der Quellen und Denkmäler macht deutlich, weshalb sie auch als Material für unsere Fragestellung benützt werden können; die tatsächliche Erfahrung wird rekonstruierbar gerade aus den unabsichtlichen und unbewußten, uneigennützigen und unfreiwilligen Zügen. Und eben darin ist das Quellenmaterial Altmexikos überreich, denn hier finden wir eine Fülle von indianischen *Selbst*darstellungen[79], von Beschreibungen also, die nicht durch das Bewußtsein der Europäer verfälscht worden sind. In unserer Arbeit werden sie ausführlich als Ausdruck der individuellen Erfahrungen des Prestiges zitiert werden[80].

7. ZUR PROBLEMATIK DES PRESTIGES

Wir haben nun das Prestige sowohl in seine Elemente zergliedert wie in seiner Eigenschaft als „fait social total" untersucht. Darauf aufbauend analysierten wir sein Verhältnis zur Autorität und Herrschaft, da ja die soziale

---

77 Heller (1964): 14
78 zitiert bei Löwith (1966): 185—186
79 Kirchhoff (1961): 248. „Die alten Bilderhandschriften lassen sich ihrem Inhalt nach in zwei Hauptgruppen unterteilen: eine, die von Göttern, und eine zweite, die von Menschen handelt. Während die erste immer wieder untersucht worden ist ..., ist die Erforschung der zweiten noch weit im Rückstand". Er stellt fest, daß Seler und seine Schule einseitig die religiöse Seite der mexikanischen Kulturen beachtet und so die wirtschaftliche und gesellschaftliche vernachlässigt hätten. Umgekehrt hat Friedrich Katz (1957) zwar die sozio-ökonomischen Verhältnisse untersucht, aber die religiösen außer acht gelassen. Durch unseren Ansatz hoffen wir nun, die verschiedenen Aspekte zusammen berücksichtigen zu können.
80 Ich bin mir bewußt, daß meine mangelhafte Kenntnis des Náhuatl zu einer bedeutenden Fehlerquelle werden kann, und zwar gerade bei der von uns verfolgten Problematik. Ich habe versucht, mich durch verschiedene Übersetzungen abzusichern, und da Linguisten vom Range eines Seler, Schultze-Jena, Lehmann und Garibay die Übersetzer sind, die ihre Arbeiten nach jahrelangen Vorbereitungen vorlegten, sollte man doch zu brauchbaren Ergebnissen kommen.

Funktion des Prestiges wesentlich durch sein Verhältnis zur Macht bestimmt wird. Zum Abschluß dieses ersten Teiles möchten wir aber wieder zu den am Anfang erwähnten Problemen der aztekischen Kultur zurückkehren, um die Beziehungen zwischen dieser Problematik und dem von uns entwickelten Begriff des Prestiges aufzuzeigen. Auf diese Weise möchten wir auf einer neuen Ebene den Begriff des Prestiges noch schärfer zu fassen versuchen.

7.1. Wert und Wirklichkeit

Dieses Verhältnis (vgl. S. 22) nimmt nun die Gestalt des Verhältnisses an, das zwischen gesellschaftlichem Entwurf, der ja Ausdruck dessen ist, was die Gesellschaft als wertvoll erachtet, und historischer Realität, d. h. das was tatsächlich verwirklicht worden ist, besteht. In diesem Zusammenhang wird das Prestige zu einer Art Bindeglied, und als solches wird seine Funktion in der Kultur verständlicher. Wir hatten Max Webers Kulturbegriff angeführt: „Kultur ist ein vom Standpunkt des Menschen aus mit Sinn und Bedeutung bedachter endlicher Ausschnitt aus der sinnlosen Unendlichkeit des Weltgeschehens"[81]. Prestige ist nun einer der Faktoren, womit der „sinnlosen Unendlichkeit des Weltgeschehens" Sinn und Bedeutung verliehen wird: nach Prestige strebend, dem Wunsch folgend, die anderen mögen wissen, wie vorbildlich man sei, verwirklicht man den von der Gesellschaft tradierten Entwurf, hilft also, den (subjektiv) sinnvollen Ausschnitt gegen das sinnlose Chaos zu behaupten[82].

Es tauchen in diesem Zusammenhang vielleicht Bedenken auf, ob man die Definition Max Webers mit der aztekischen Auffassung der Kultur zusammenbringen kann. Denn nur in einem solchen Fall wäre es statthaft, die Funktion des aztekischen Prestiges so zu sehen, wie wir es tun. Es mag merkwürdig klingen, aber Max Webers Begriff deckt sich weitgehend mit dem der Azteken. Der gemeinsame Nenner ist die dezisionistische Einstellung, also der Glaube, daß der Mensch durch seinen wertsetzenden Willen die an und für sich sinnlose Wirklichkeit prägt. Der Azteke verstand — wie wir noch eingehend darstellen werden — seine Stellung in der Welt nicht wesentlich anders. Durch seinen Willen, Menschen zu opfern und das daraus resultierende Handeln, erhielt und verteidigte er eine ihm als sinnvoll erscheinende Welt gegen ein Chaos, das ständig hereinzubrechen und alles zu zerstören drohte.

Die Spannung zwischen Wert und Wirklichkeit ist ein wesentliches Moment für das Verständnis des Prestiges. Eben weil Werte realisiert werden

---

81 Weber (1922): 180
82 In seinem Buch „Sozialprestige und sozialer Status", Stuttgart 1957, geht Kluth von der Annahme aus, daß die Werte, die das Sozialprestige charakterisieren, die Möglichkeit ausschließen müssen „hic et nunc voll bewältigt und verwirklicht zu werden" (S. 22). Weiter schreibt er: „Solange die Menschheit sich aus der Gegenwart heraus oder von der Vergangenheit her versteht, kann es in der Tat kein Sozialprestige geben" (S. 23). Wir halten diese Annahme für falsch. Es ist nämlich nicht einzusehen, weshalb nur der utopische Entwurf (vgl. Anm. 27) Prestige ermöglichen kann, und aufgrund welcher Kriterien der konservative Entwurf ausgeschlossen werden soll — denn dieser fordert ja ebenso die Wertrealisierung wie der utopische, nur sind es eben Werte, die den gegenwärtigen Zustand nicht in Frage stellen, sondern erhalten und bestätigen sollen. Schließt man aber — völlig willkürlich — den konservativen Entwurf der Gesellschaft aus, so begibt man sich auch der Möglichkeit, das Prestige bei den sogenannten Naturvölkern zu studieren, wo dieser ja die Regel ist.

sollen, verleiht ja die Gesellschaft den Individuen Prestige. Je stärker die Spannung, je schwieriger die Werte zu verwirklichen sind einerseits, und andererseits je stärker die Gesellschaft deren Realisierung fordert, desto höher wird das zuerkannte Prestige sein.

7.2. Die Wechselbeziehungen zwischen den Potenzen der Kultur

Im Bereich zwischen Wert und Wirklichkeit, Entwurf und Geschichte, spielen auch die Beziehungen zwischen Wirtschaft, Gesellschaft und Religion. Religiöse Werte sollen durch die Gesellschaft realisiert werden; gesellschaftliche Formen und wirtschaftliche Interessen werden religiös untermauert — welche Rolle spielt das Prestige in diesen Zusammenhängen?

Die Verkörperung religiöser Werte durch entsprechende Vorbilder und deren Verknüpfung mit dem Prestigestreben stellt eines der wirksamsten Mittel dar, um Religion und Gesellschaft miteinander zu verbinden. Es läßt sich sogar behaupten, daß die Lebensfähigkeit einer Religion von ihrem Verhältnis zum Prestige abhängt. Ist dieses nur lose, so ist ihre Stellung in der Gesellschaft (die ja ihre Lebensfähigkeit bedingt) schwach; ist es eng, so ist ihre Wirksamkeit in der Gesellschaft gesichert.

Auch im Verhältnis zwischen Religion und Wirtschaft spielt das Prestige eine entscheidende Vermittlerrolle. Dabei muß man aber beachten, daß der Einfluß des Prestiges auf die Wirtschaft je nach der Art des Entwurfes variieren wird: Prestigestreben in einer calvinistischen und in einer Kwakiutl-Gemeinschaft hat nicht die gleichen Auswirkungen auf die Wirtschaft — im ersten Fall wird die zum calvinistischen Begriff des Vorbildlichen gehörende Sparsamkeit, Vermeidung eines jeglichen Aufwandes, kurz Askese, die Kapitalakkumulation ermöglichen und — durch weitere Merkmale des Vorbildlichen, wie z. B. der Wille zur Bewährung im Beruf — das Wachstum der Wirtschaft fördern[83]; im zweiten Fall aber wird durch den befohlenen Aufwand der Verbrauch gesteigert, ein großer Anteil der Produktion (wirtschaftlich) unproduktiven Zwecken zugeführt und das Wachstum der Wirtschaft gestoppt[84]. In beiden Fällen werden jedoch Werte, die religiös verankert sind, relevant für die Wirtschaft. Der Einfluß des Prestiges macht sich also keineswegs nur in einer Steigerung des Aufwandes bemerkbar, und das bedeutet, daß sich Prestige — Wirtschaft und ‚économie ostentatoire' nicht immer zu decken brauchen.

Schließlich spielt das Prestige auch in die Beziehungen zwischen Wirtschaft und Gesellschaft hinein, und zwar deshalb, weil es einer der Faktoren ist, der den Distributionsprozeß, insbesondere die Verteilung und Verwendung des Mehrproduktes regelt.

Die Funktionen des Prestiges in der Kultur werden nun verständlich aus seinem Charakter als „fait social total". Eben weil das Prestige ein wirtschaftliches, ein gesellschaftliches, ein religiöses Phänomen ist, kann es diese Potenzen der Kultur miteinander verbinden. Sagen wir aber, daß das Prestige ein wirtschaftliches, gesellschaftliches, religiöses Phänomen ist, so meinen wir damit eigentlich nichts anderes, als daß das Prestige auch ein *Produkt* der Wirtschaft, Gesellschaft und Religion einer Kultur ist. Auf diese Weise erscheint es als der Ort, wo diese Potenzen auf eine jeweils kultur-

---

83 Weber (1922 b): 190 ff
84 Mauss (1966): 200 ff; Meillassoux (1968): 765

spezifische Art zusammenstoßen und aufeinander wirken. Auch der „fait social total" weist eine Struktur auf. Die Größe und die Rangordnung seiner wirtschaftlichen, gesellschaftlichen und religiösen Anteile (die anderen werden in unserer Untersuchung nur am Rande erwähnt) sind vermutlich nicht beliebig, sondern eine Reproduktion des Verhältnisses von Wirtschaft, Gesellschaft und Religion in der entsprechenden Kultur.

7.3. Sinn und Funktion des Prestiges

Unter „Sinn" des Prestiges wollen wir das verstehen, was das Prestige bzw. sein Erwerb den Mexikanern bedeutete, unter seiner „Funktion" die Leistung des Prestiges innerhalb der sozialen Struktur[85].

Die Analyse des *Sinns* führt uns zur Suche nach den Motiven: Warum wollten die Mexikaner Prestige haben? Was bedeutete ihnen dieses Streben für ihre Lebensführung? Welche Einstellung hatten die Individuen zu den Forderungen der Gesellschaft?, etc.

Die Analyse der *Funktion* des Prestiges wird seine objektive Rolle in Wirtschaft und Gesellschaft aufzudecken haben. Die zentralen Fragen lauten hier: Wie ist das Verhältnis zwischen Herrschaft und Prestige? Welchen Einfluß hat das Prestige auf das Verhältnis zwischen den verschiedenen Gruppen der Gesellschaft (Priester, Krieger, Kaufleute, Bauern, etc.)? Welche Auswirkungen hat das Prestige auf die Wirtschaft?

Wie wir aber schon einmal sagten, wollen wir die Subjektivität des Motivs und die Objektivität der Funktion nicht unvermittelt nebeneinander stehen lassen. Sinn und Funktion stehen in einem dialektischen Verhältnis, und eben dieses muß erkannt werden.

Merton hat eine für unsere Fragestellung sehr brauchbare Unterscheidung zwischen offenbaren und verborgenen Funktionen (manifest und latent functions[86]) eingeführt. Welche Funktionen des Prestiges waren den Mexikanern bewußt und gaben ihm seinen Sinn? Welche Funktionen des Prestiges blieben den Azteken verborgen und warum? Und gerade diese letzteren sind für uns von ganz besonderem Interesse, denn in ihnen haben wir nicht nur die Kräfte der Geschichte, die der gerade handelnden Individuen unbewußt sind, und sie in eine Richtung treiben, von der sie nichts ahnen, sondern auch jene, die die vorhandene Sinngebung des Prestiges in Frage stellen und sie gleichsam untergraben. Dieser Prozeß kann unter Umständen Sinn und Funktion zu äußersten Gegensätzen machen; nämlich dann, wenn dem Sinn keine objektive Funktion mehr entspricht[87]. Das Verhältnis zwischen Sinn und Funktion ist in einem allgemeineren Verhält-

---

85 Merton (1968): 79 ff.
86 op. cit.: 118 ff. Diese Unterscheidung entspricht nicht derjenigen Lintons zwischen offenen (overt) und verdeckten (covert) Kulturaspekten (Linton (1945): 38). Dieser klassifiziert sie vom Standpunkt des Forschers aus, dem die psychischen Aspekte der untersuchten Menschen verborgen sind und der sie erst aufdecken muß. Merton dagegen klassifiziert aus der Sicht des untersuchten Objektes; offenbare Funktionen sind solche, die vom Handelnden beabsichtigt waren; verdeckte hingegen sind solche, die unbeabsichtigt wirksam werden.
87 Huizinga (1961): 73 ff zeigt diese Diskrepanz am spätmittelalterlichen Rittertum und seinen Idealen, denen keine Realität mehr entspricht: „Im Bewußtsein des 15. Jahrhunderts nimmt der Adel als gesellschaftliches Element zweifelsohne noch den ersten Platz ein; seine Bedeutung wird von den Zeitgenossen viel zu hoch, die des Bürgertums viel zu niedrig eingeschätzt. Sie selbst sahen nicht, daß die wirklichen Triebkräfte der gesellschaftlichen Entwicklung anderswo liegen als im Leben und Treiben eines kriegsführenden Adels" (S. 74).

nis, nämlich in dem zwischen Sein und Bewußtsein eingebettet. Als ‚Sinn' haben wir das bezeichnet, was dem Individuum bewußt ist, und als ‚Funktion' die objektiven Wirkungen des Prestiges. Sinn und Funktion einer sozialen Einrichtung verhalten sich zueinander wie das Bewußtsein zum Sein — wie das, was man von etwas weiß, zur Sache selber. Eine Frage taucht dabei auf, die für die Erfassung des Prestiges von großer Bedeutung ist: Wie transformiert sich die Funktion einer sozialen Erscheinung (deren Sein also) in dem auf Werte bezogenen Sinn (Bewußtsein) und welche Faktoren bestimmen diesen Prozeß? Die Beantwortung dieser Frage ist nötig, um zu erkennen, wie es zu den spezifischen Inhalten des aztekischen Prestiges kam. Wir dürfen ja das Prestige nicht als eine ein für alle Mal festgeprägte Erscheinung betrachten, sondern als eine dem historischen Wandel unterworfene, und um eben diesen zu verstehen, müssen wir das Prestige in seiner Beziehung zu Sinn und Funktion, Sein und Bewußtsein analysieren.

7.4. Individuum und Gesellschaft

Ein weiteres für das Prestige wesentliches Verhältnis ist das zwischen Individuum und Gesellschaft. Es spielt bereits in unserer Definition des Prestiges eine Rolle: Prestige ist etwas, was die Gesellschaft vom Individuum weiß. Das Individuum, das nach Prestige strebt, strebt danach, der Gesellschaft zu zeigen, wie vorbildlich es ist, und es richtet deshalb sein ganzes Handeln nach dem aus, was in seiner Gesellschaft als außerordentlich gut und tüchtig gilt. Auf diese Weise übermittelt die Gesellschaft dem Individuum ihre Leitvorstellungen und prägt seine Identität.

Man kann aus diesen Gründen sagen, daß das Prestige abhängig ist von der Art und Weise, wie in einer Kultur das Verhältnis zwischen Individuum und Gesellschaft bestimmt wird. Weil in einer calvinistischen Gruppe dieses Verhältnis anders definiert ist als z. B. bei den Jivaro, werden auch die Prestige-Arten voneinander verschieden sein. Dem Prestige fällt dabei die Rolle zu, das Pattern dieses Verhältnisses immer neu zu reproduzieren.

7.5. Prestige und Kulturwandel

Diese Verhältnisse: Wert — Wirklichkeit, Wirtschaft — Gesellschaft — Religion, Sinn — Funktion, Individuum — Gesellschaft dienen uns als eine Art Koordinatensystem, um den Kulturwandel in seiner inneren Dynamik analysieren und die Funktion des Prestiges darin erkennen zu können. Wenn man die Schnitte durch die Kultur so legt, wie wir es eben vorgeschlagen haben, dann treten auch die subjektiven und die objektiven Momente des Kulturwandels deutlich in Erscheinung. Zudem können wir, indem wir die Verknüpfung des Prestiges mit den übrigen Teilen der Kultur sichtbar machten, den Wandel des Prestiges in Verbindung mit dem Kulturwandel bringen — als von ihm bedingt und ihn bedingend.

8. ZUR GLIEDERUNG DER ARBEIT

Die Gliederung der Arbeit ergibt sich aus dem, was wir über den „fait social total" gesagt haben. Als erstes wollen wir die mexikanische Erfahrung des Prestiges, also das subjektive Moment analysieren, denn sie ist auch das Primäre, sozusagen die erste Schicht auf die wir stoßen, wenn wir das Prestige untersuchen wollen. Was wir zunächst vor uns haben, sind Bewußtseinstatsachen, intentionale Daten, um Mühlmanns Ausdruck zu verwenden. Diese gilt es für sich (in ausführlichen Zitaten) sprechen zu lassen, um die intentionalen Zusammenhänge, in die die Mexikaner das Prestige stellten, aufzuspüren. Davon handelt das erste Kapitel: Die Blume und der Gesang.

Die Zusammenhänge, die auf diesem Weg zum Vorschein kommen, dienen uns als Leitfaden, um die Fragen, die wir im ersten Teil entwickelt haben, auch in einer dem Material angemessenen Weise zu stellen.

Im zweiten Kapitel untersuchen wir, aber nun mit den von uns herangetragenen Begriffen, das Prestige der Krieger. Auch hier steht das Intentionale im Vordergrund. Wir stecken gleichsam den Bewußtseinshorizont des aztekischen Kriegers ab und rekonstruieren sein Selbstverständnis, so wie es in der aztekischen Religion, in ihren Mythen und kultischen Festen, und in der Gesellschaft seinen Ausdruck fand.

Im folgenden Kapitel kommen wir auf die objektiven Momente des Prestiges zu sprechen, nämlich auf die Beziehungen zwischen dem Prestige und den Konsens- und Gewaltstrukturen der aztekischen Gesellschaft. Wir analysieren zuerst die den Azteken bewußte Funktion des Prestiges, die Legitimation der Herrschaft, und gehen dann dazu über, die unbewußten Funktionen bloßzulegen. Diese werden sichtbar aus der Geschichte der konfliktreichen Beziehung zwischen den Kriegern und den Kaufleuten. Bis ins Einzelne können wir hier die verschiedenen Phasen der Entstehung einer Klassengesellschaft verfolgen. Dabei wird der Zusammenhang zwischen den Kräften des Kulturwandels und der Erscheinung des Prestiges sichtbar. Vor allem geht es darum, die Bedeutung des Prestiges für die Wirtschaft zu erkennen, denn die Wirksamkeit des Prestiges innerhalb der Kultur läßt sich nur von deren Basis her genauer einschätzen. So werden wir uns allmählich durch das mexikanische Bewußtsein zu den es bedingenden objektiven Tatbeständen hindurcharbeiten, um so das Verhältnis zwischen Prestige und Kulturwandel zu erkennen.

ZWEITER TEIL:
DER INHALTLICHE ASPEKT DES PRESTIGES — SEINE HISTORISCHE AUSPRÄGUNG IN DER AZTEKISCHEN KULTUR

1. DAS SUBJEKTIVE MOMENT: DIE AZTEKISCHEN VORSTELLUNGEN VOM PRESTIGE UND DEREN SINNGEHALT

1.1. AZTEKISCHE METAPHERN DES PRESTIGES: DIE BLUME UND DER GESANG

Auffallend bei der Lektüre der altaztekischen Gesänge, einer Sammlung von Heldenliedern, ist, daß Begriffe wie „Blume" und „Gesang" oft als Metaphern dienen, um das zu bezeichnen, was wir in unserem Sprachgebrauch „Prestige", „Ruhm", „Ehre" nennen. Wir können nun, indem wir das Bedeutungsfeld von „Blume" und „Gesang" abstecken, einige Zusammenhänge erkennen, die für das Prestige im alten Mexiko kennzeichnend waren.

1.1.1. Die Blume

„Wohin gehen die Blumen? Wohin geht der Ruhm der Adler und Jaguare?"[1]. „Vergeblich... begehrst und suchst du untadelige Blumen! Wo anders willst du sie hernehmen als daher, wo du kämpfen mußt? Mit deiner Brust und mit deinem Schweiß wirst du dir untadelige Blumen verdienen!"[2]. Die Blumen, der Ruhm und der Krieg sind von den Azteken zusammengedacht worden. Sie sprachen von den „Blumen-Kriegen", tanzende Krieger konnten als „tanzende Blumen" bezeichnet werden, das Blut nannten sie „Blumen-Wasser", die Gefangenen, die geopfert werden sollten, nannte man „Blumen des Herzens"[3]. Weiter waren die Blumen auch das Sinnbild der Schönheit, der Farbigkeit, der Kostbarkeit — kurz: Sinnbild alles dessen, was das Leben lebenswert machte. Das schöne, gute Leben verdichtete sich zur Blume: „Gekommen bin ich, ich der Sänger, das Land der Blumen aller Arten zu betreten, so recht den Ort der Erquickung, den Freudenort: wo wie Tau im Sonnenstrahl die Regentropfen liegen, wo vielerlei Prachtvögel singen, wo der Schellenvogel einstimmt"[4]. Dann auch: „Laßt uns fröhlich sein, o ihr unsere Freunde, laßt uns einander umarmen hier auf der blumigen Erde, auf der wir leben"[5]. „Auf der blumigen Erde" — damit schien dem Dichter die Stätte des Glücks am treffendsten gekennzeichnet zu sein. Erwähnt sei aber auch, daß „Blütenpflücken" die geschlechtliche Vereinigung meinte und irgendwie mit „Sünde" assoziiert wurde. Der Mythos erzählt, daß die Götter auf die Erde fielen und vom paradiesischen Tamoanchan verbannt wurden, als einer von ihnen eine Blüte von einem Baum brach; dieser barst auseinander und Blut schoß hervor[6].

Und schließlich war die Blume — die verwelkende Blume — auch der Vergänglichkeit und dem Tod verwandt: „Eine Blume ist unser Leib, ein etwas, das sprießt und leicht dahinwelkt..."[7].

---

1 ‚Adler' und ‚Jaguar': Namen der beiden höchsten Kriegerorden. Schultze-Jena (1957): 37 (fol. 8). (Zur Zitierweise: Die erste Zahl bezeichnet die Seite des Buches, die zweite die des Manuskriptes. So lassen sich die Stellen auch in den spanischen Ausgaben leicht identifizieren.)
2 op. cit.: 17 (fol. 4)
3 Garibay (1953): 101
4 Schultze—Jena (1957): 51 (fol. 10)
5 op. cit.: ebenda
6 Codex Telleriano-Remensis: 28
7 Schultze—Jena (1957): 71 (fol. 14 v)

Daß das Bild der Blume mit so vielen Bedeutungen besetzt wurde, ist nur verständlich aus der hohen Wertschätzung, der sich die Blumen bei den Azteken erfreuten, und die in den großen Gärten, von denen die Spanier als von wahren Wundern berichteten, eine besonders schöne materielle Konkretisierung gewann[8]. Die Azteken liebten die Blumen nicht nur ihrer Schönheit, sondern auch ihres Geruches wegen. Mit Überraschung stellen die Spanier fest, daß kein Vornehmer ohne ein Büschel stark duftender Tropenblumen ausging und immer wieder daran roch[9]: ,,Ich lobe ihn mir, bin glücklich... über den Duft der Poyote-Blüte, dessen freut sich mein Herz. Es kommt mich ein Zittern an, ich atme Wohlgerüche ein; lieblich wie durch Fruchtwein hingerafft ist meine Seele. Schöner Blumen Wohlgerüche atme ich ein am Freudenort, Blütentrunken ist meine Seele"[10].

Krieg und Blut, Schönheit und Lebensfreude, Genuß und Sünde, Diesseits und Vergänglichkeit — das waren die wichtigsten Inhalte, die in der Blume verbildlicht wurden. Die Verbindung zum Prestige kommt nun in Sätzen wie dem vorhin zitierten zum Ausdruck: ,,Wohin gehen die Blumen? Wohin geht der Ruhm der Adler und Jaguare?", oder im folgenden ,,Vers": ,,Auf diese Weise (nämlich kämpfend und von der Gottheit beschützt; M. E.), mein Freund, wirst du reich an Blumen, nach denen du dich als den wahren in dieser Welt sehnst"[11]. Blumen und Prestige gehen hier ineinander über wegen ihrer Beziehung zum Krieg. Die im Kampf gewonnenen Blumen versinnbildlichten einmal die Gefangenen, die man machte und sodann den Ruhm und die Ehre, also das Prestige, das sie dem Krieger einbrachten.

Diese Beziehung zwischen den Blumen und dem Prestige scheint uns deshalb interessant, weil sie uns Einblick schenkt in die Gefühle, die das Prestige im Mexikaner weckte. Wir sagen ,,Ruhm", ,,Ehre", ,,Prestige" — aber was bedeutete das jenen Menschen? Welche Gefühle machten einerseits diese Worte derart lebendig, daß man sein Leben dafür zu opfern imstande war, und andererseits: welche Gefühle vermochten Ruhm und Ehre derart nichtig erscheinen zu lassen, daß man nicht bereit war, auch nur die geringste Gefahr auf sich zu nehmen? Bei der Analyse des Prestiges scheint es uns wichtig, diese Gefühle mit zu erfassen, da nur sie verständlich machen, weshalb das Prestige eine so große Rolle in der Kultur spielen konnte — nämlich deshalb, weil es aufs Engste mit dem Gefühlsleben des Individuums verbunden war.

1.1.2. Der Gesang

Wie schon gesagt, waren ,,Blume" und ,,Gesang" sinnverwandt. ,,Ein Sommerblumengesang ist... wie ein Blumen-Brandopfer über das Feld ausgebreitet..."[12]. Eines kann das andere veranschaulichen: ,,Ich weine, ich sage es heraus..., daß ich doch die Wurzel des Gesanges sähe, daß ich sie eingrübe, daß um dessentwillen auf Erden geschähe, daß meine Seele fort-

---

[8] Díaz del Castillo (1965): 237; über den Reichtum an Blumenarten vgl. Mangelsdorf (1964): 433.
[9] Im Codex Vaticanus 3738 befindet sich eine hübsche Zeichnung von einem vornehmen Mexikaner, der an einem Büschel Blumen riecht. Diese waren wohl auch eine Art Statuszeichen.
[10] Schultze—Jena (1957): 13 (fol. 3)
[11] op. cit.: 29 (fol. 6)
[12] op. cit.: 13 (fol. 3)

lebe"[13]. Beide drücken Kostbarkeit und Schönheit des Lebens aus. „Wahrlich wir müssen hier eines Tages, o Freunde, schnell Abschied von unseren Blumen, von unseren Liedern nehmen, müssen die Erde, die da bleibt, verlassen"[14]. Beide haben — übrigens ebenso wie der Mensch[15] — ihren eigentlichen Ursprung im Himmel: „Ach, aus der Tiefe des Himmels, von dort kommen die schönen Blumen, kommt der schöne Gesang"[16]. Und beide sind schließlich auch mit dem Prestige verwandt.

Wenn wir den Gesang trotz all dieser Ähnlichkeiten in unsere Untersuchung einbeziehen, so deshalb weil sich aus den Unterschieden zwischen den optischen Eigenschaften der Blume und den akustischen des Gesanges einige bezeichnende Aufschlüsse über die Auffassung vom Prestige gewinnen lassen. Im Gesang kommt zum Beispiel die Bezogenheit des Individuums auf die Gemeinschaft deutlicher zum Ausdruck: „Ich komme nur, um eifrig nach meinem schönen Gesang zu suchen, und mit ihm suche ich den Ort, wo sie, meine Freunde, sich im Wettkampf versammeln, wo das Vorbild der Freundschaft gesetzt wird"[17]. Der Sänger bildet den Mittelpunkt des Kreises, beansprucht die Aufmerksamkeit seiner Zuhörer: „Ich schlage meine Fellpauke, ich erfindungsreicher Sänger, um die Freunde aufzuwecken, um die anzufeuern, deren Herz von nichts weiß, in deren Geist es nie Tag wird, die zu Kriegszeiten in Schlafsucht verharren... Nicht vergeblich will ich Armer es sagen: Kommen sollen sie, den Blumen-Morgenrot-Gesang zu hören, der bei der Fellpauke gar erquicklich ertönt"[18]. Gerade diese Stelle macht verständlich, worin die Affinität des Gesanges mit dem Prestige liegt: beide gehen darauf aus, Aufmerksamkeit zu erregen und eine Botschaft mitzuteilen: „Ich, hier auf Erden bei der Trommel, gedenke jener Könige!"[19]. Der Gesang kündet von der Größe der Helden, ist Prestige, das noch andauert, wenn der Held schon gestorben ist: „Vielleicht wird nunmehr mein Gebieter mit vielen Wunden bedeckt ins Rätselland sich aufmachen... Ja, um ihn herrscht Trauer und Mitleid, aber die ihm geweihten Blumen und Gesänge sind da..."[20].

Zu diesen Gesängen gehörte auch ein entsprechender Rahmen. Im königlichen Schloß von Tezcuco befanden sich, wie Ixtlixochitl berichtet, besondere Räume, wo „Philosophen, Dichter und einige der angesehensten Anführer (weilten) und meistens von ihrer Geschichte und ihren Weisheiten sangen..."[21]. Besondere Beamte scheinen diese Gesänge beaufsichtigt, beurteilt und darauf geachtet zu haben, daß sie richtig wiedergegeben wurden[22]; sie waren also, wenigstens zu einem Teil, normiert.

---

13 op. cit.: 143 (fol. 27 v). Schultze—Jena kommentiert: „Der Sänger vergleicht sein Lied mit einer Pflanze, die, in die Erde gesetzt, fortwächst als Symbol seines eigenen Fortlebens im Gedächtnis der Menschen" (S. 145). Vgl. auch op. cit.: 9 (fol. 2 v).
14 op. cit.: 193 (fol. 35 v)
15 León—Portilla (1966): 175
16 Schultze—Jena (1957): 49 (fol. 10)
17 Garibay (1964): 5 (fol. 20). Die spanische Übersetzung aus dem Náhuatl lautet: „Solo vengo presuroso a buscar mi hermoso canto y también con él busco (dónde) so reúnen en concurso ellos, oh amigos mios, dónde se pone el paradigma de la amistad".
18 Schultze—Jena (1957): 27 (fol. 6 v)
19 Garibay (1964): 16 (fol. 6 v)
20 Schultze—Jena (1957): 73 (fol. 14 v)
21 Ixtlilxochitl (1831—48): 243
22 Garibay (1961): 180, 182

Zu dem der Blume verwandten Bedeutungsgehalt treten beim Gesang also zwei weitere Momente in den Vordergrund: das des Diskurses und das der Gesellschaftlichkeit.

1.1.3. Die aztekische Ästhetik des Prestiges

Das Prestige kommt durch seine Veranschaulichung als Blume und Gesang in das Feld von Vorstellungen, die sich in diesen beiden Begriffen gesammelt haben; es bekommt einen Teil seines Sinngehalts von diesen Beziehungen her.

Auf diese Weise geht die *Schönheit* von Blume und Gesang auf das Prestige über. Seine Schönheit hat durchaus ihren Selbstzweck. Man strebe nach Prestige, könnte man sagen, weil es schön ist. Schön bereits im rein Äußerlichen: im Glanz und in der Pracht des Schmuckes, die aller Augen auf sich ziehen sollen, um den Träger zum angesehenen Mittelpunkt zu machen. Simmels Satz: „... der echte Schmuck wurzelt in dem Wertgedanken des ganzen Gesellschaftskreises..."[23] findet auch im Schmuck des mexikanischen Kriegers seine Bestätigung. Die Werte des Krieges, der Aggressivität, der Selbstdarstellung kommen in ihm zum Ausdruck, und zwar geformt von den ästhetischen Normen der aztekischen Kultur[24]. Der Jaguar — oder Adlerkopf, der als Helm diente und aus dessen aufgesperrtem Rachen der Krieger schaute; die am Rücken festgemachte Standarte, welche ihn größer erscheinen ließ als er war, können zwar ihren Ursprung aus dem Imponiergehabe und der Absicht, im Kampf zu schrecken, nicht verleugnen, sind aber in ihrem Ausdruck längst gezähmt worden durch die Ästhetik. Bei den großen Festlichkeiten getragen, sollten sie ja niemanden mehr in die Flucht schlagen, sondern Bewunderung und Gefallen erregen. So wird auch deutlich, daß die Macht des Prestiges eng mit der Macht der Schönheit verwandt ist, denn beide beruhen — wenigstens zu einem Teil — auf der freiwillig erbrachten Achtung und Bewunderung. Schönheit schafft auf ihre Weise den für die Wirksamkeit des Prestiges so wichtigen Konsensus, sie macht das Einverständnis mit dem Individuum, das Prestige hat, leichter: Die Beziehung des Prestiges zum Gesang und zur Blume ist also nicht zufälliger Natur. Genau so wie die Blume durch ihre Schönheit und ihren Duft die Zuschauer anlockt, der Gesang durch den Inhalt und die Art und Weise der Darbietung die Zuhörer fesselt — genauso wirkt auch das Prestige.

In der Betonung der Schönheit der Blumen und Gesänge kommt die starke Diesseitsbezogenheit der Azteken zum Ausdruck: „Ich weine, ich fühle es schmerzlich, wenn ich daran denke, daß wir von den schönen Blumen, den schönen Gesängen so bald Abschied nehmen müssen. Laßt uns noch fröhlich sein! Laßt uns noch singen!"[25] Was nach dem Tode kommt, ist völlig ungewiß: „Wohin werde ich gehen, wohin werde ich gehen? Zwiespältig steht der Gott da. Ungewißheit erwartet den Menschen dort in der Unterwelt"[26], und deshalb ist die Welt der Ort, auf den es ankommt. Das Prestige bestätigt dies nur: im Wert des Vorbildes spiegelt sich der

---

23 Simmel (1908): 370
24 Seler (1904): 509 ff. Vgl. das reiche Abbildungsmaterial.
25 Schultze — Jena (1957): 193 (fol. 35 r)
26 op. cit.: 193 (fol. 35 v)

Wert der Gesellschaft und ihrer Aufgaben *in der Welt*. Das Prestige in Mexiko ist ebenso diesseitsbezogen und die Welt bejahend, wie es Blume und Gesang für die Azteken waren. Entscheidend scheint uns jedoch, daß das Prestige durch diese seine Weltlichkeit nicht in Gegensatz zur aztekischen Religion geriet. Für beide stellten die Erde und das Leben höchste Werte dar, und so kam es nicht zu Spannungen wie im Christentum, das als Jenseitsreligion jedes weltliche Streben ablehnte oder doch nur mit größtem Mißtrauen beobachtete. In Mexiko hingegen waren Prestige und Religion aufs engste miteinander verflochten und stützten einander.

Es hat etwas Paradoxes an sich, daß eine Religion, die so sehr das Diesseits bejahte, dem *Krieg*, also der Zerstörung einen so hohen Wert beimaß. Die Blume und der Krieg, nach unserer Anschauung Gegensätze, konnten für die Azteken eine Einheit, nämlich in der Vorstellung der Blumenkriege bilden. Von den im Krieg erworbenen „Blumen mit der Farbe des Lebens und dem Honigseim"[27] singt der Sänger: „Sie berauschen gar sehr die Seele des Menschen"[28], und wir erinnern an den vorhin zitierten Vers, in dem ein den Blumenduft einatmender Vornehmer beschrieben wurde: „Es kommt mich ein Zittern an, ich atme Wohlgerüche ein; lieblich, wie von Fruchtwein hingerafft ist meine Seele..." Die Tropenblume und die Blume des Krieges gehen ineinander über.

„Seht zu", ruft der Sänger den Kriegern zu, „daß ihr... euch (die Trunkenheit) zulegt, wo Gefahr droht!"[29] und er fährt fort: „Ja, wie früher, schenkt die Erde den weißgärenden Wein den Menschen, wo Gefahr droht, wenn Großkriegs-Brand sie umringt. Sie sagen, daß er (der Rausch, den der Wein erzeugt; M. E.) die Feinde in die Flucht schlage, sie vernichte"[30]. Wir sprechen vom Blutrausch und von der Berserkerwut — in den Gesängen heißt es: „Er (der Gott) hat mein Herz trunken gemacht, hat es verzaubert, so daß die Welt mit mir (hart) sich berührt, weil ich trunken von Kriegsrausch bin"[31], und an anderer Stelle: „Ich bin hierher gekommen, ich Yohyontzin, heiß sehne ich mich nach Blumen. Ich zerschlage Blumen auf Erden. Ich hier zerschlage die edelste Blüte der Helden, ich zerschlage die Blumen der Freundschaft..."[32].

Rausch wird hier als Selbstaufgabe geschildert und als Außersichsein; es ist ein von der Gottheit gewollter Zustand, in den sich der Mensch nur widerstrebend hineinreißen läßt: auf den soeben zitierten Zeilen: „Er (der Gott) hat mein Herz trunken gemacht..." folgt die Klage: „Alle, die hier auf Erden leben, lassen erkennen, welches Unglück das ist. Er nur im Himmel weiß, warum ich von Kriegsrausch trunken bin"[33]. Aber dieses Außersichsein und diese Selbstaufgabe gehören zum Krieger, und sind geradezu die Voraussetzung, um die Blumen des Ruhmes zu pflücken. Kampf war den Azteken immer Rausch: man kannte (zumindestens dort, wo man nicht aus dem Hinterhalt überfiel, sondern in offener Schlacht den Feinden gegenübertrat) kein geordnetes Vorwärtsmarschieren, genau auf die Befehle eines Offizieres achtend. Die Schlacht bestand aus lauter Einzelkämp-

---

27 op. cit.: 29 (fol. 6)
28 ebenda
29 op. cit.: 17 (fol. 4 r)
30 ebenda
31 op. cit.: 111 (fol. 21 v)
32 op. cit.: 93 (fol. 18 v)
33 op. cit.: III (fol. 21 v)

fen, was übrigens mit ein Grund für die hoffnungslose Unterlegenheit der aztekischen Krieger gegenüber den Spaniern war. Man stürzte sich in den Rausch, der den Einzelnen zwar von der Gruppe trennte, aber ihm doch nicht, wenn wir so sagen dürfen, seine Einzelheit zu Bewußtsein kommen ließ. Mendieta beschrieb, wie eine solche Schlacht anging: „Und wenn sie nahe genug herangekommen waren, gaben sie einen furchtbaren Laut von sich zum Himmel hinauf; andere pfiffen, andere brüllten und heulten derart, daß sie alle, die sie hörten, in Schrecken versetzten. Der Herr von Tezcuco trug seine Trommel an seiner Schulter, er schlug darauf, wenn der Kampf anfing, andere bliesen in Muschelhörner, die wie Trompeten anzuhören waren..."[34]. So wie die Stimme des Einzelnen im allgemeinen Aufschrei aufging, so hatte sich der Einzelne im Rausch zu verlieren.

In einem der Gesänge heißt es: „Wo Krieg ist, dort wo Krieg geführt wird, im Kampfgefilde raucht der Staub. Schon windet sich und dreht sich wie eine Spindel der, der den Blumentod sterben soll..."[35], „Kriegssturm wirbelt wie eine Spindel im Kreise, Staub raucht auf, alle pfeifen mit der Hand und trillern hier in Tenóchtitlan und hier in Mexiko"[36]. Im wirbelnden Kriegssturm und im aufrauchenden Staub war das Unaufhaltsame, Selbstvergessene, Besinnungslose und Rauschhafte des Krieges eindrücklich zum Bild geworden.

Der Rausch gehörte zum Lebensgefühl, war in mancher Hinsicht sogar die Quelle des Lebensgefühles des Kriegers. Es ist daher nicht überraschend, daß er dem Wesen des Krieger-Prestiges eigen war: es war das Verhalten, das die Gesellschaft vom Krieger erwartete; von einem, der als vorbildlicher Krieger galt, wußte die Gesellschaft, daß er sich für seine Aufgabe schon einmal aufgegeben hatte und wieder aufgeben würde. Der Rausch gehörte aber auch zum Prestige, insofern das Prestige als Ruhm berauschend — wie die Blume und der Gesang — wirkte und den Menschen sogar die Sorge um das eigene Leben vergessen ließ.

Der Krieg und der Rausch brachten uns in die Nähe der Vorstellungen des Todes und der Vergänglichkeit, die — wie wir sahen — auch in das Bezugssystem gehörten, in dem die Blume und der Gesang standen.

„Eine Blume ist unser Leib, ein Etwas, das sprießt und leicht dahinwelkt", und wir hörten bereits die Frage: „Wohin gehen die Blumen? Wohin geht der Ruhm der Adler und Jaguare?". Die Veranschaulichung und Vergegenwärtigung des Prestiges in der Blume und dem Gesang läßt uns nun, wenn wir die Beziehung zwischen der Blume, dem Gesang und der Vergänglichkeit betrachten, eine andere Seite des Prestiges erkennen. Wir sahen die Schönheit, den Genuß und die Lebenskraft, die sie versinnbildlichten — hörte nun im Bewußtsein der Mexikaner die Verwandtschaft von Prestige, Blume und Gesang auf, wo es sich nun um die Unbeständigkeit und Vergänglichkeit handelte? Denn Prestige und Ruhm stehen in einem spannungsvollen Verhältnis zum Tod: Vor dem Tod verliert nämlich das Prestige die Fraglosigkeit und Selbstverständlichkeit, die ihm eigentümlich sind, und wird im eigentlichen Sinne des Wortes frag-würdig. *Entweder* nämlich bestätigt der Tod den Sinn des Prestiges und ist sogar dessen höchster Beweis: zu wirklichem Ruhm kommt man eben durch den Tod

---

34 Mendieta (1870): II (XVI) S. 130
35 op. cit.: 103 (fol. 21)
36 op. cit.: 103 (fol. 21)

auf dem Schlachtfeld. *Oder* aber der Tod macht die Sinnlosigkeit des gesellschaftlichen Lebens grell sichtbar: was nützt es, das einzige, was man wirklich besitzt, das Leben, für Ruhm und Ehre aufs Spiel zu setzen?

„Nicht ängstigt sich mein Herz dort auf dem Kampfgefilde, ich ersehne den Tod durch das Steinmesser, ja, unser Herz wünscht sich den Tod im Kriege"[37], und nicht Furcht, sondern Freude soll man vor der Schlacht empfinden: „Laßt uns weiterhin fröhlich sein, ihr unsere Freunde! Freut euch weiter, ihr Helden, die ihr alle im Kampfgefilde zu verweilen kommen werdet! Ha, als Entgelt nehmen wir die Blumen-Rundschilde und die, die die Kriegsfackel schwingen!"[38]. Noch eindrücklicher kommt diese Einstellung, in der man den Tod zu überwinden hofft, in folgenden Sätzen zum Ausdruck: „Vielleicht wird mein Gebieter mit vielen Wunden bedeckt ins Rätsel-Land (= Totenland) sich aufmachen, gewiß nicht willig wird er sich aufmachen, ihr Edlen, will den Ort nicht sehen, wo eure (toten) Gebieter weilen. Ja, um ihn herrscht Trauer . . . aber die ihm geweihten Blumen und Gesänge sind da"[39].

Der Mensch stirbt, aber sein Ruhm bleibt: dies ist die Form der Unsterblichkeit, wie sie in den meisten Kriegerreligionen erlebt wurde. Die Azteken fanden dafür folgenden Ausdruck: „O niemals werden die Blumen des Krieges welken, sie ziehen sich am Rande des Wasserlaufes hin. Die glänzende Blüte der jaguarmutigen, schildgewappneten Krieger selbst aber wird über Nacht in Staub gestreckt"[40]. Die niewelkenden Blumen des Krieges, die am Rande des Wasserlaufes sich hinziehen, sie wurzeln im Festen, während der Fluß das verlaufende Leben meint.

Wenn das Prestige also Unsterblichkeit verheißen kann und dem Individuum Sicherheit über den Tod hinaus zu gewährleisten vermag, dann ist das gewiß einer seiner verführerischsten Gründe, um das Individuum zu überreden, es als das wesentliche sinngebende Moment seines Lebens zu betrachten und sein Streben darauf zu richten. Dann aber hat das Prestige auch alles, was dem Menschen als anziehend und begehrens- und erstrebenswert erscheinen kann, auf seine Seite gebracht: die Schönheit, den Genuß, den Rausch und auch die Unsterblichkeit. Nietzsches Wort über die Moral: sie „gebietet nicht nur über jede Art von Schreckmitteln, um sich kritische Hände und Folterwerkzeuge vom Leibe zu halten: ihre Sicherheit liegt noch mehr in einer gewissen Kunst der Bezauberung, auf die sie sich versteht, — sie weiß zu begeistern"[41], trifft auch im Falle des Prestiges das Wesentliche.

Doch — wie schon angedeutet —: der Tod bringt da Manches zum abblättern. Es sind nicht alle Menschen Helden, und gerade die macht der Tod besonders nachdenklich. Für sie verfinstert sich leicht die Freude am Prestige: „Ha! Du mein Herz fürchtest dich gar sehr und wagst es nicht, dem Gotte dort (auf dem Schlachtfelde) Freude zu bereiten! Ja, sicherlich willst du nicht dorthin gehen, wo man (in die Unterwelt) hinabsteigt. So

---

37 op. cit.: 45 (fol. a). Es war üblich, die Schädel der Geopferten auf einem Gerüst in der Nähe des Tempels aufzureihen; bezeichnenderweise wurde dieses Gerüst „kostbarer, erwünschter Tod" genannt (Codex Vaticanus 3738, fol. 57 r)
38 Schultze—Jena (1957): 47 (fol. 9 v)
39 op. cit.: 73 (fol. 14 v)
40 op. cit.: 93 (fol. 18 v)
41 Nietzsche, Morgenröte: 4

halte dich fern von dort, wo man dem Gott Freude bereitet"[42]. Und das bedeutet, daß man auf Ruhm verzichten muß, denn diesen erwirbt man nur auf dem Schlachtfelde. Und offenbar hat dieser Mensch erkannt: „Ach, die jaguarmutigen Helden liegen hingestreckt, ja wie Regentropfen liegen sie hingestreut auf der Walstatt. O ihr spottet unser (die wir nicht mitgekämpft haben). Euch aber, was kann euch etwa Ehre und Ruhm helfen?'"[43]. Bei der Totenklage auf den 1472 gestorbenen Neçahualcoyotl von Tezcoco heißt es gar: „Ach, wie löscht das Lied unseres Sterbenmüssens unsere Bilderschriften (und das heißt: die in ihnen aufgezeichneten Taten) aus!'"[44].

Bleibt aber nicht die Kunde der Taten, so verschwindet auch das Wissen vom Wert des Verstorbenen, und nichts kann mehr verhindern, daß er vergessen wird und — endgültig — stirbt. Das Leben geht weiter als wäre er nie gewesen: „Gar bald gibst du ihn anderen hin, machst los deinen Grünedelstein-Schmuck, die gebogenen Quetzalfedern, die çaquan-farbigen Blumen auf deinem Kopf (also die Herrschaftsinsignien; M. E.). Ach, du trittst sie den Nachkommen ab!'"[45]. Und mit letzter Konsequenz wird gesehen: „Für nichts bin ich (aus dem Mutterleib) heraus hier auf die Erde gekommen, ich Elender! Bin ich aber nun einmal ... geboren worden, so frage ich: Was soll ich tun? Alle sind sie ja zu Grabe gegangen, die Edlen..."[46]. Nichts bleibt übrig: „So liegen die Türkis-Pracht-Blumen, dazu die Federn des Tzintzincan-Vogels geschrumpft da; ja die Blumen sterben und vertrocknen. So wirst du ins Leichentuch gewickelt, ja du Herrscher, du Neçahualcoyotl!'"[47].

Um die Bedeutung einer kulturellen Erscheinung kennenzulernen, genügt es nicht, nur deren Funktion innerhalb des Zusammenhangs der Kultur zu untersuchen. Mindestens ebenso wichtig scheint uns, deren Bedeutung in ihrem gefühlsmäßigen Ausdruck im Individuum zu beachten. Denn schließlich ist es nicht zuletzt die Verankerung einer kulturellen Erscheinung im Gefühlsleben der Individuen, welche die Fraglosigkeit ihres Sinngehaltes und ihre Kontinuität gewährleistet. Diese Betrachtung über die Bedeutung von Blume und Gesang bei den Azteken zielte darauf, verständlich zu machen, weshalb das Prestige für die Lebensführung der Mexikaner entscheidend werden konnte, und auf welchen Gefühlsbereichen das für das Phänomen des Prestiges so wichtige Einverständnis beruhte. Wir sahen, daß eine gewisse Ambiguität der Gefühle in Bezug auf den Sinn des Prestiges durchaus vorhanden war; das Einverständnis war nicht ganz fraglos und damit auch der Sinn des Prestiges offenbar nicht mehr allen selbstverständlich. Wo sich aber der Zweifel bemerkbar macht, dort ist auch etwas im Wandel begriffen, denn die tradierte Sinngebung vermag nicht mehr ganz zu überzeugen. Wenn wir dann die Funktion des Prestiges untersuchen, werden wir dieses Problem wieder aufgreifen. Was für wirtschaftliche und soziale Gründe führten zu jenen Zweifeln?

Die Art und Weise, wie wir in diesem Kapitel das Prestige darstellten, war in gewisser Hinsicht synthetisierend — im Folgenden wollen wir analy-

---

42 Schultze—Jena (1957): 121 (fol. 23 v)
43 op. cit.: 93 (fol. 18 v)
44 op. cit.: 151 (fol. 28 v)
45 op. cit.: 25 (fol. 5 v)
46 op. cit.: 65 (fol. 13 r)
47 op. cit.: 13 (fol. 3 v)

tisch vorgehen und den Inhalt des Prestiges gemäß unserer Definition beschreiben.

1.2. DAS PRESTIGE DES KRIEGERS

Wir müssen aus dem überlieferten Quellenmaterial das Wissen, das die Gesellschaft vom Krieger hatte, zu rekonstruieren versuchen, insbesondere den *Entwurf der Zukunft,* den die Gesellschaft zu realisieren suchte und die Rolle, die dem Krieger dabei zufiel; dann das *Vorbild,* das diesem Entwurf zugeordnet war, und schließlich den *Erfolg,* durch den das Individuum zu seinem Bild kam, und das die *Reaktion der Gesellschaft* ihm gegenüber bestimmte.

1.2.1. Utopie des Prestiges: Der Entwurf der Zukunft

Der aztekische Entwurf der Zukunft geht deutlich aus der Vergangenheit, so wie die Azteken sie selber beschrieben, hervor. Denn sie deuteten sie als realisierten Teil einer Verheißung, die ihnen ihr Gott Huitzilopochtli am Anfang ihrer Geschichte, als sie den mythischen Ursprungsort, die Höhlen von Chicomoztoc, verließen, gemacht hatte. Wir haben das Glück, auf eine aztekische Geschichtsquelle zurückgreifen zu können, die in Náhuatl geschrieben wurde und in einer spanischen Übersetzung zugänglich ist: die „Crónica Mexicayotl"[48], eines der hervorragendsten aber überraschend wenig berücksichtigten Zeugnisse des aztekischen geschichtlichen Selbstverständnisses.

Die Chronik erzählt, wie die Azteken – das Bild der Gottheit mit sich tragend – von einem Ort zum anderen wanderten. Wo sie fanden, es wäre gut zu bleiben, da lebten sie längere Zeit, bauten dem Gott einen kleinen Tempel und waren froh, wenn man sie nur in Ruhe ließ. Manchmal dauerte ein solcher Aufenthalt bis zu zehn Jahren, dann aber zog man weiter. An einem Ort fühlten sich die Azteken besonders glücklich; Huitzilopochtli hatte ihnen einen Bach gestaut und schöne Felder angelegt, und so glaubten die Azteken, daß sie am Ziel ihrer Wanderung angelangt wären. Ihre Führer sagten zu Huitzilopochtli: „Hier wird wohl deine Absicht zu ihrem Ziel gekommen sein ... Von hier aus wirst du dich den Völkern aller vier Himmelsrichtungen entgegenwerfen (und das heißt: sie bekriegen und erobern; M. E.); dein Kopf und dein Blut und dein Herz werden all das sehen, was du uns versprochen hast: die Vielfalt der grünen Edelsteine..., das Gold, die Federn... Deshalb hast du nämlich unser Volk hier in Coatepec zur Niederlassung bewogen..."[49]. Doch Huitzilopochtli fiel in gewaltigem Zorn über sie her: „Was sagt ihr da? Was vermeint ihr da zu wissen? Ist das eure Sache? ... Ich weiß schon, was ich zu tun habe"[50]. Und er brachte die Priester und Führer um. Am nächsten Morgen wurden sie von den Azteken tot aufgefunden – mit geöffneter Brust, also geopfert. Das Volk erschrak sehr und mußte zusehen, wie Huitzilopochtli alles, was er für es aufgebaut hatte, zerstörte. So setzte man denn die Wanderung fort. Die Azteken hatten viele Kämpfe zu bestehen und Huitzilopochtlis Mahnungen, ja nicht zu glauben, bereits am Ziel angekommen zu sein, im-

---
48 Tezozómoc (1949)
49 op. cit.: 33, Absatz 44. Abgekürzt: 33/44
50 op. cit.: 35/46–47

mer wieder zu hören: „Die wir uns einmal untertan machen, und über die wir einmal herrschen werden, sind noch weit entfernt"[51]. Als sie sich in der Nähe von Culhuacán niederließen, durch Heiraten in engere Beziehungen zu der umliegenden Bevölkerung traten und so einen hohen Grad an Seßhaftigkeit erreichten, zerstörte Huitzilopochtli mutwillig alle Bande. Er befahl dem aztekischen Anführer, die Tochter des Häuptlings der Nachbarn zu heiraten und ihren Vater einzuladen. Doch statt geheiratet zu werden, wurde die junge Braut geopfert und enthäutet. Als der Vater bei der Hochzeit erschien, zeigte man ihm im Tempel die präparierte Tochter. Laut schreiend stürzte er hinaus, versammelte seine Krieger und jagte die Azteken weg[52]. So hatte Huitzilopochtli wieder seinen Willen durchgesetzt: Die Wanderung sollte bis zum endgültigen Ziel fortgesetzt werden.

Schließlich wurde es eines Tages erreicht: zwei Priester erkannten den Ort, der ihnen verheißen worden war. Auf einer Insel im See erblickten sie einen großen völlig weißen Baum, Silberweiden, weiße Frösche und weiße Fische. „Und wie sie das sahen, so weinten die Alten und sagten: ‚Hier also ist der Ort, . . ., und es hat sich bewahrheitet, was Huitzilopochtli uns versprochen hat . . .'"[53]. Die Priester kehrten zum Stamm zurück und verkündeten, daß sie nun endlich am Ziel angelangt seien. Noch einmal erschien Huitzilopochtli und sagte ihnen, sie hätten ja noch gar nicht alles gesehen: „Macht euch sofort auf, und geht den Tenochtli, die Agave, anschauen, denn darauf steht der freudige Adler; dort ißt er, dort erwärmt er sich an der Sonne . . . Das wird der Ort sein, wo wir Wache halten und die Feinde erwarten werden. Mit unserer Brust und mit unserem Kopf; mit unserem Pfeil und unserem Schild . . . werden wir alle, die um uns herumwohnen, erobern . . . Deshalb wird unsere Stadt Mexico-Tenóchtitlan hier stehen, an dieser Stätte, wo der Adler schreit, wo er seine Flügel zum Flug entfaltet, wo er seine Nahrung zerhackt, wo er die Schlange zerreißt. Mexico-Tenóchtitlan, wo vieles sich noch ereignen wird."[54]

Die Azteken deuteten die Vergangenheit von der Gegenwart aus; die vergangenen Siege und Niederlagen offenbarten ihnen, daß Huitzilopochtli sie zu ihrem Ziel, zur Herrschaft über die andern Völker, führte. Die offensichtlichen Erfolge, durch welche sie, die einfachen und armen Jäger und Sammler, das mächtigste Volk Mesoamerikas geworden waren, konnten sie nur darin bestätigen, daß sie tatsächlich das auserwählte Volk der Sonne (A. Caso) waren[55]. Die Idee der Auserwähltheit war die aztekische Begründung für den raschen Kulturwandel – sie selber wären mit weniger zufrieden gewesen, meinten sie, aber die Gottheit würde sie ständig vorwärts treiben, und sie müßten ihr folgen. Ist eine solche mythologische Erklärung der Reflex einer kulturellen Entwicklung, die den Individuen in dieser Kultur als fremd, unabänderlich und nicht mehr von ihrem eigenen Willen abhängig erscheint? Wir werden diese Frage noch in einem größeren Zusammenhang wiederaufgreifen.

---

51 op. cit.: 39/59
52 op. cit.: 54 ff/76 ff
53 op. cit.: 64/90
54 ebenda. Der Text Tezozómocs entspricht in mancher Hinsicht der ersten Abbildung des Codex Mendoza.
55 López (1961) vertritt die Ansicht (S. 21–22), die aztekischen Herrscher hätten versucht, die bescheidene Herkunft der Azteken zu verschleiern – aber gerade diese Herkunft zusammen mit dem unerhörten Aufstieg waren die augenscheinlichsten Beweise für die Berechtigung des Machtanspruches über die anderen Völker. Zu einem Verbergen bestand kein Grund.

Ein wesentlicher Zug des aztekischen Entwurfes war seine Diesseitsbezogenheit; in seinem Mittelpunkt standen Sicherheit, Reichtum und Wohlstand, und zwar von der Gottheit versprochen. Hier und jetzt konnte nachgeprüft werden, ob sich die Verheißung erfüllt hatte oder nicht. Die Erfolge zeigten unmittelbar an, ob man in der Gunst der Gottheit stand oder nicht. Das Bild des Adlers, der auf dem Kaktus sitzt, ist wohl die schönste Darstellung dessen, was die Azteken unter Glück verstanden: voller Lebenskraft sich an der Sonne der Gottheit erwärmend, die herbeigeschafften Schätze genießend; dann zum Flug ansetzend und zum Kampf bereit.

1.2.2. Vorbilder: Gottheit und Krieger

Vorbild sei, hatten wir definiert, derjenige, von dem die Gesellschaft annehme, daß er sie zu ihrer Vollendung führe. Dieser Bestimmung gemäß war Huitzilopochtli, der Gott, das erste Vorbild, man könnte auch sagen, das Vorbild aller Vorbilder, und als solcher trat er ja auch in der eben zitierten Crónica Mexicayotl in Erscheinung.

Huitzilopochtli war es, der das Volk zu seinem Ziel, zu Macht und Reichtum führen mußte; wir hörten bereits, was die Azteken zu ihrem Gott sagten und von ihm erwarteten: „Von hier aus wirst du dich den Völkern aller Himmelsrichtungen entgegenwerfen...". Denn sie wußten, was er ihnen verheißen hatte: „Ich werde euch zu Königen machen über die ganze Welt... und ohne Zahl und Ende werden die Güter, die man euch als Tribut bringen wird, sein..."[56]. Und über sich selber offenbarte er: „... der Krieg ist meine Aufgabe, damit man meine Brust und meinen Kopf überallhin sehe..."[57]. Deshalb besang man ihn als Krieger[58] und nannte ihn Beschützer der Menschen im Kampf[59]. Mit all diesen Eigenschaften stellte Huitzilopochtli das Urbild des vollendeten, vorbildlichen Menschen dar. Als solcher wirkte er einmal durch die Mythen[60], dann aber auch und in größter Unmittelbarkeit im Kultfest: da erschien die Gottheit selbst und lebte den Menschen das ideale Leben vor.

Beim Toxcatl-Fest zum Beispiel spielte der Gott Tezcatlipoca[61] die zentrale Rolle. Ein Gefangener war nach bestimmten Kriterien ausgesucht worden, Tezcatlipoca zu verkörpern. Er mußte „Von gutem Aussehen (sein,) keusch, rein am Leibe, schlank wie ein Bambusrohr... nicht ungeschlacht..., weder zu klein noch zu lang... Er darf keinen wie eine Handwalze geformten (langen, schmalen) Kopf, keinen spitzen Hinterkopf (haben).... Er darf nicht gedunsen sein, nicht mit hängendem Gesicht,... keine schüsselförmige Nase, keine krumme Nase... sondern eine lange gerade Nase haben... Er darf nicht stottern,... keine kranken Zähne haben. Er darf nicht blind sein, darf keine zu kleinen Augen haben... keine kugeligen, keine spitzen, stechenden Augen. Er darf keinen Hängebauch...,

---

56 Tezozómoc (1949): 24/32
57 ebenda
58 Seler (1904), Bd. II: 964, 1004
59 Sahagún (1956), Bd. VI: 293
60 Die Mythen wurden öffentlich immer wieder von neuem erzählt. Vgl. Román y Zamora (1897): I/VI/S. 99
61 Tezcatlipoca und Huitzilopochtli weisen viele Ähnlichkeiten auf. Man könnte sagen, daß das, was Huitzilopochtli für Tenóchtitlan, Tezcatlipoca für Tezcuco war; vgl.: Pomar (1956): 146/60.

keinen spiegelnden (fettglänzenden) Dickbauch haben..."[62]. Diese ausführlichen Beschreibungen geben uns zum einen Aufschluß über das männliche Schönheitsideal der Azteken, darüber hinaus vermitteln sie einen Eindruck vom idealen Leben, wie sie es sich vorstellten und wünschten. Das Opfer lernte Flöte blasen, und wie man „mit der Flöte zusammen seine Blumen und Zigarren"[63] halten mußte. Ferner „wurde besonders Bedacht genommen, daß es sich in der Rede ausdrücken lerne... und die Leute anreden, sie auf der Straße begrüßen könne"[64] — also alltägliche Verhaltensweisen, die aber dadurch, daß sie vom Gott selber eingehalten wurden, einen besonderen Wert bekamen. Zwanzig Tage bevor er auf dem Opferstein starb, wurde er mit vier Frauen, die Göttinnen darstellten, verheiratet[65]. Dann ging es schnell dem Ende zu; fünf Tage vor der Opferung machte man sich auf und wanderte der Opferstätte entgegen „nachdem man mit dem Gesang und Tanz zu Ende ist, besteigt man die Boote; mit ihm zusammen gehen die Weiber, ihn zu trösten und zu ermutigen... Man erzählt, wenn er an der Opferstätte angelangt ist, steigt er selbst hinauf, freiwillig steigt er zur Stelle hinauf, wo er geopfert werden soll. Und wenn er die Stufe hinansteigt... bricht er die eine seiner Flöten in Stücke, usf. Und nachdem er sämtliche Stufen überwunden hat... so ergreifen ihn sogleich die Priester, legen ihn mit der Brust nach oben auf den Opferstein, dann schneiden sie ihm die Brust auf, reißen ihm das Herz heraus, und heben es weihend zur Sonne empor"[66].

Dieses ideale Leben „in Freuden und in Reichtum", in welchem man „die Süße, die Annehmlichkeit"[67] des Gottes an sich erfuhr, und das dennoch am Opferstein sein Ende finden *sollte*, lebte den Azteken der *Gott selber* vor, sie so zur Nachfolge auffordernd.

„Denn hochgeehrt wurde er, wenn er (der Gefangene; M. E.) öffentlich als Abbild erklärt worden war... Er galt als unser Herr Gott,... man warf sich vor ihm auf die Erde, das Volk aß Erde vor ihm (als Zeichen der Unterwürfigkeit)[68]. Der Gott war es, „der ein Jahr lang das Volk des Wegs geführt hatte, der ein Jahr lang (den Speer) geworfen (das Amt des Richters ausgeübt) hatte, der ein Jahr lang regiert hatte"[69], und es ist zu vermuten, daß seine acht Diener die Gesellschaft, so wie sie die Azteken, genauer: die Krieger sahen, repräsentierten: vier Krieger und vier, die „den Kopf nach Art von Palastsklaven geschoren"[70] hatten, und die alle zum Dienst am Gott verpflichtet waren, genauso wie sich die Azteken als Diener ihres Gottes, der sie durch die Geschichte führte, verstanden.

Diese aztekischen Beschreibungen machen uns auf ein allgemein bekanntes religiöses Phänomen aufmerksam, das in Mexiko zu besonderer Wirksamkeit gelangte. Für den Gläubigen ist das Leben auf der Erde Nachahmung dessen, was die Götter selber im Himmel tun. Die Erde wird gleichsam zu einem Spiegelbild des Himmels, womit das, was auf der Welt geschieht, als in einem kosmischen Zusammenhang stehend erlebt wird.

---

62 Seler (1927): 92—94
63 ebenda
64 ebenda
65 op. cit.: 98
66 op. cit.: 99—100
67 op. cit.: 100
68 op. cit.: 95
69 op. cit.: 96
70 ebenda

Die Gesellschaft hat dann das Urbild ihres Entwurfes, man könnte sagen das Original, im Himmel aufgehoben und gegen jeden Zugriff, der einen Wandel herbeiführen möchte, abgesichert. Deutlich erkennt man nun auch den religiösen Aspekt des Prestiges. Indem die Gottheit selbst zum Vorbild wird, wird das Prestige zu einem Bestandteil der Religion. Ihr Sinn und derjenige des Prestiges verschmelzen ineinander.

Wie sich die Azteken den idealen Mann vorstellten, ist uns durch die Gewährsleute Sahagúns in prägnanten Ausdrücken überliefert worden. Vom ,,mannhaften Kerl'' wird zum Beispiel folgendes gesagt: ,,Der mannhafte Kerl ist groß von Gestalt, von kräftigem Wuchs, (oder) er ist ganz klein; er ist dick oder er ist schlank''[71]. Das Aussehen scheint also nicht ausschlaggebend gewesen zu sein. Aber: ,,Auf jeden Fall ist er zuverlässig, auf jeden Fall würdig, in Dienst gestellt zu werden. Hier paßt gut auf den Mann (die Bezeichnung des) Adlers oder Jaguars, des zupackenden mit dem starken Herzen... Er stößt (den Feind) zurück und züchtigt ihn; männlich erhebt er sich, strengt sich aufs äußerste an und bleibt hartnäckig. Der tapfere Kriegsmann: ... macht (die Dörfer) dem Erdboden gleich, vertreibt die Einwohner, auf Sachen und Menschen macht er Jagd, rafft alles auf, fegt die Menschen wie mit dem Besen zusammen und rühmt sich und freut sich dessen''[72].

Man merkt, wie das Bild des jagenden Adlers auch hier in einer völlig anderen Quelle noch durchscheint.

Virtù. Aus den soeben zitierten Stellen läßt sich die virtù leicht herausschälen: das Aussehen wurde als nebensächlich betrachtet — entscheidend war die Kraft, das ,,starke Herz'', das den Mann zupacken ließ. Ausdauer, Hartnäckigkeit gehörten dazu, aber auch Zerstörungslust: ,,Er macht (die Dörfer) dem Erdboden gleich ... fegt die Menschen wie mit dem Besen zusammen''. Ich erinnere an das vorhin auf Seite 51ff über den Rausch und die Trunkenheit des Kriegers Gesagte, das ebenfalls zur virtù gehörte.

Wie alle wichtigen Erscheinungen des Lebens war auch die virtù in der Religion aufgehoben: anläßlich der Kultfeiern mußte sie immer wieder erneuert werden, und zwar durch das Essen des Fleisches des Geopferten. Dessen Leiche wurde in das Haus desjenigen Mannes gebracht, der dieses Opfer ermöglicht hatte, entweder indem er selber im Krieg einen Gefangenen gemacht oder eben nur auf dem Markt einen Sklaven gekauft hatte. Im Hause des Fängers also ,,zerschneidet man ... (den Geopferten), um ihn zu verzehren und die anderen (den König, die eigenen Verwandten und Freunde; M. E.) an dem Fleisch zu beteiligen, oder, wie man sagte, damit zu begnadigen''[73]. Von diesem Fleische schrieb Mendieta, daß die Mexikaner es, wie wenig es auch sein mochte, in großer Ehre hielten[74] und Román y Zamora sagte ausführlicher, daß es ihnen als so heilig galt, daß sie sich geheiligt glaubten, wenn sie davon aßen[75]. Es ist anzunehmen, daß dieses göttliche Fleisch die menschlichen Kräfte erneuern und steigern sollte. Von Motecuhzoma zum Beispiel hieß es, daß er durch die Opferung

---

71 Schultze—Jena (1952): 69
72 ebenda
73 Seler (1927): 72
74 Mendieta (1870): II/XIX/ S. 109
75 Román y Zamora (1897): I/XVI/ S. 163

und die anschließende Mahlzeit an Kraft, wir würden sagen an virtù, zunahm: „Durch sie (die Opfer; M. E.) eignete er sich (Motecuhzoma; M. E.) Geistesstärke an... durch sie wurde er fähig, seine Pflichten zu erfüllen. Wie es heißt, machte er sich auf diese Weise wieder jung... durch sie erntete er Ruhm, wurde er mächtig..."[76]. So hofften wohl auch diejenigen, die sich an der kannibalistischen Mahlzeit beteiligten, ihre virtù zu stärken, um sich in neuen Kämpfen zu bewähren.

Neben dieser virtù des Kriegers finden wir aber noch eine andere, denn der Kampf war ja nur eine der vielen Aufgaben der Azteken. Eine weitere — und im Stadium der Konsolidierung, in dem sich die Azteken befanden, nicht weniger wichtige — war, das Errungene festzuhalten und zu bewahren. Neben dem Kämpfen mußte man nun auch noch ordnen und verwalten können, und diese Aufgaben forderten neue Fähigkeiten heraus, die wir zum Beispiel in der Beschreibung des vorbildlichen vornehmen Mannes erwähnt finden: „Er ist klug, er will den Leuten wohl... Er wahrt Anderer Ehre..."[77]. Vom „Sohn edlen Blutes" heißt es: „Er neigt sein Haupt", vom Richter: „Er hält Maß", vom „Mann hoher Geburt": „Er ist nachsichtig mit den anderen"[78]. Vom „adligen Enkel": daß er zu jenen gehöre, „die ruhig abwägen, die zu tiefem Wissen gelangt sind... Ja, er denkt und forscht den Dingen nach"[79].

Man hört in diesen Beschreibungen einen ganz anderen Ton: nicht Blutrausch und Außersichsein, sondern Klugheit, Nachsicht und Selbstversenkung; nicht Zerstörungslust und Menschenverachtung, sondern Achtung vor der Ehre der anderen. Offensichtlich handelt es sich hier um Eigenschaften, die das Leben in der eigenen Gemeinschaft regeln sollten, während die zuvor genannte Beschreibung die Haltung den fremden Stämmen gegenüber festhielt. So kann man es verstehen, daß das warnende Gegenbild folgendermaßen gezeichnet ist: „Der schlechte Edelmann ist Einer, der die Leute... in Furcht versetzt... Er verursacht Zittern und Schrecken; Angst verbreitet er, Unruhe ruft er hervor... Der schlechte Herrscher ist wie ein wildes Tier, ein Ungeheuer, ein Dämon, ein Jaguar... er verdient Mißachtung..."[80]. Wir sehen: Eigenschaften, die im Verhalten der Gemeinschaft nach *außen* gute Eigenschaften sind, gelten *in* der Gemeinschaft als schlecht.

Das rechte Vorbild hätte in seiner virtù Eigenschaften vereinigen müssen, die nur schwer zu harmonisieren sind. Das zupackende starke Herz, das die Menschen in den kriegerischen Rausch trieb, hätte sich mit abwägender Klugheit und distanzierender Vornehmheit verbinden sollen. Aber im Grunde genommen standen sich zwei so völlig entgegengesetzte Menschenbilder und virtù-Vorstellungen gegenüber, daß keine wirkliche Einheit möglich gewesen wäre — maßgebend für die Geltung des Vorbildlichen konnte nur die eine oder die andere sein, und in Mexiko war es die virtu des Kriegers. Wer klug und zurückhaltend war, wurde geachtet, geehrt aber wurde nur der Krieger.

Das Vorhandensein und die Auswirkungen zweier virtù-Vorstellungen muß in Verbindung mit jenen gewissen Zweifeln am Sinn des Prestiges, die

---

[76] Schultze—Jena (1950): 141 (fol. 317 r)
[77] Schultze—Jena (1952): 31 (fol. 148 r)
[78] ebenda
[79] op. cit.: 39 (fol. 113 v)
[80] op. cit.: 33

wir vorhin[81] erwähnten, gesehen werden. Auch hier zeigen sich Ansätze zu einem Wandel, deren Chancen allerdings erst in Zusammenhang mit der noch folgenden Analyse der wirtschaftlichen Struktur der aztekischen Kultur bemessen werden können. Aber bereits hier lassen sich gewisse Spannungen zwischen den Wertvorstellungen der Azteken und der historischen Situation, in der sich ihre Gesellschaft befand, nicht übersehen. Die Situation nämlich, der einmal die virtù des Kriegers angemessen gewesen war, also die Zeit der Wanderungen, der Sicherung und des Aufbaus Tenóchtitlans, hatte sich gewandelt. Der Alltag war ein anderer geworden, und zwar im Zuge des Aufbaus eines größeren Staatswesen. Die historische Situation hatte sich gewendet, und das bedeutete auch, daß die Funktion des Prestiges eine andere geworden war. War sie zur Zeit des Aufbaus eine fortschrittliche gewesen, insofern sie in Einklang mit der Entwicklung der Kultur stand und diese begünstigte, so konnte es nun leicht dazu kommen, daß unter den veränderten Umständen die gleichen Inhalte des Prestiges sich als Hemmung für ein weiteres Fortschreiten erweisen konnten. Die aztekische Kultur stand vor der Aufgabe, neue Wirtschaftsformen als Ersatz für den Krieg und die Tribute zu entwickeln, denn nun ging es nicht mehr um die weitere Expansion als um die Konsolidierung der Verhältnisse. Wir werden folglich zu untersuchen haben, in welcher Beziehung die verschiedenen virtù-Vorstellungen zur historischen Situation und ihren neuen Erfordernissen standen, und welche „Wahlverwandtschaften"[82] sich nun ergaben.

1.2.3. Der Erfolg und seine kosmologische Dimension: Das Kultfest

Erfolg nannten wir die Realisierung eines Wertes. Wir haben nun diejenigen Werte herauszuarbeiten, deren Verwirklichung als Beweis galt, daß man ‚fähig' war, virtù hatte. Diese Werte können sich an den Stellen der Kultur nachweisen lassen, welche von den Azteken als besonders bedeutsam für die Gesamtheit ihrer Kultur verstanden wurden. Solche Stellen waren der Krieg und das Kultfelst.

Die Werte, die da im Mittelpunkt standen, werden ersichtlich aus den Zwecken, denen diese Einrichtungen genügen mußten: einmal der Erhaltung der Welt durch Magie und sodann der Vergegenwärtigung des Göttlichen. Diese zwei gleichwichtigen Zwecke haben den Inhalt des Prestiges bestimmt. Von dem Individuum, das Prestige hatte, wußte man in Mexiko, daß es erfolgreich an der Erhaltung der Welt mitarbeitete und wohlangesehen bei der Gottheit war.

Die Verbindung von Prestige, Kult und Krieg läßt die religiösen Aspekte des Prestiges noch deutlicher in Erscheinung treten. Und zwar nicht nur deshalb, weil der Erwerb von Prestige im Zusammenhang mit religiösen (magischen) Zielsetzungen steht, sondern deshalb, weil ein spezieller Zug der aztekischen Auffassung des Prestiges bemerkbar wird. Prestige bedeutete nämlich nicht nur, daß die *Gesellschaft* wußte, wie vorbildlich das Individuum war, sondern auch, daß die *Gottheit* davon wußte. Im Kult, wo Götter und Menschen miteinander agierten, wurde deshalb sowohl der Gottheit als auch den Menschen die Vorbildlichkeit der Ausgezeichneten verkündet.

---
81 vgl. Seite 53
82 Weber (1964): 259; Wahlverwandtschaften zwischen Ideen und sozio-ökonomischen Prozessen.

Die achtzehn aztekischen Jahresfeste waren Kultspiele, in welchen das kosmische Geschehen zum Ausdruck gebracht und eben dadurch in Bewegung erhalten wurde. Daher kam das, was im Kosmos geschah, in den Festen zur Darstellung, und was in ihnen vorging, hatte Nachwirkungen im Kosmos[83]. Von geradezu axiomatischer Bedeutung scheint dabei der Mythos von der Geburt von Sonne und Mond gewesen zu sein: weil diese Gestirne, die das Leben ermöglichten, nur dadurch entstanden waren, daß die Götter ihr Leben geopfert hatten, waren weitere Opfer notwendig; sie allein sicherten die Fortdauer und den Bestand der Welt. Ebenso scheint die Überzeugung geherrscht zu haben, „daß die Erd-, Mond- und Vegetationsgötter alljährlich mit der Natur alt und schwach würden, aber durch die Menschenopfer wieder verjüngt werden könnten"[84].

Im zweiten Jahresfest, Tlacaxipeualiztli, fand der von den Spaniern so genannte „sacrificio gladiatorio" statt[85]. Zwei Jaguar- und zwei Adlerkrieger führten den Opferzug an. Ihnen folgte der Youallan, der Opferpriester, und auch er trug Waffen. Sie trafen auf die langsam die Treppen des Yopico-Tempels herabkommenden „Stellvertreter" sämtlicher Götter. Am Opferplatz angekommen, setzten sie sich um den runden Stein, auf dem das Opfer vor sich gehen würde.

Kommentar. Dem Kampf wohnten also auch die Stellvertreter, „ixiptlatl", der Götter bei. Wörtlich heißt es in der Übersetzung von Seler: „Die Abbilder, die Stellvertreter, Repräsentanten, Abbilder"[86]. Im analytischen Wörterverzeichnis von Schultze-Jena[87] liest man: „ixiptlatl: Vertreter, Repräsentant, Ebenbild, Sinnbild, Kundgebung, Steinbild der Gottheit ...", das Verb ixiptlati heißt: „Jemanden vertreten oder jemandes Rolle spielen". Das bedeutet, daß die Gestalten, vor denen dieser Kampf stattfindet, nicht bloß Priester, sondern Verkörperung der Gottheiten selber waren. Vor ihnen und vor der Gemeinschaft, die zugegen war, legte der Krieger Zeugnis ab.

EXKURS: PRESTIGE UND UNSTERBLICHKEIT, ODER: DIE PRESTIGIÖSE ÜBERWINDUNG DES TODES

Hier ist der Ort, um den Zusammenhang zwischen Prestige und Unsterblichkeit nochmals zu erörtern. Er wird uns nämlich verständlich machen, weshalb das Kultfest den geeigneten Rahmen hergab, um Prestige zu zeigen.

„Groß ist der Stein, dick das Holz, das ich zu spalten habe (schweres Schicksal lastet auf mir). Ich schreibe ein Lied darüber; dort, wo ich hingehen werde, werde ich es singen zu seiner Zeit. Mein Lied wird bekannt sein, wenn ich auch von der Erde scheide; meine Seele wird Leben, gewiß hat sich mein Andenken hier erhalten, wahrlich, mein Ruhm wird weiter

---

83 Krickeberg (1956): 230. Wir möchten uns aber Kirchhoffs Kritik (vgl. Kirchhoff (1961): 248–50) anschließen und auf die mangelhafte Berücksichtigung gesellschaftlicher Momente in Krickebergs Untersuchungen religiöser Erscheinungen hinweisen. Der Kult darf nicht nur im religiösen Kontext gesehen werden; seine sozialen Aspekte sind ebenso wichtig.
84 Krickeberg (1956): 230
85 Seler (1927): 68 ff. Dieses Fest und seine Zeremonien gehören zu den bestüberlieferten religiösen Handlungen des alten Mexikos.
86 Seler (1927): 68
87 Schultze–Jena (1950): 289

leben"[88]. Und ebenso: „Hier nun in den Bilderschriften lebt deine Seele ..."[89]. Das also, was die Menschen Rühmenswertes über einen wissen und in ihrer Erinnerung behalten, *ist* eine Art von Unsterblichkeit. Es handelt sich hier keineswegs nur um eine metaphorische Ausdrucksweise — Ruhm, der den Tod des Helden überdauert, heißt: weiterleben. Es scheint uns, daß diese Form des Weiterlebens bezeichnend ist für eine Kriegerreligion, in der das Diesseits einen zentralen Wert einnimmt. Ruhm bedeutet ja dann, daß man weiter in dieser so hoch eingeschätzten Welt existieren kann.

Die Azteken kannten auch andere Formen der Unsterblichkeit[90]: ein ‚Leben' in der Unterwelt (Mictlan), in einer Art Paradies bei Tlaloc (Tlalocan) und im Gefolge der Sonne.

Die Unterwelt, das „Rätsel-Land"[91], von dem man nichts Genaues wußte, und das doch nur schrecklich sein konnte, wurde besonders gefürchtet als der Ort, wo man verloren ging; tocenchan, tocenpopolihuiyan, Synonyme für Mictlan, bedeuteten: „unser gewöhnliches Haus, die gewöhnliche Gegend, wo man verloren geht"[92]. In einem Klagelied heißt es: „Ganz wie wir Grünedelstein zerstücken, ganz wie wir ein Bild (in den Handschriften) auslöschen, genau so gehen wir alle hin, gehen wir ins Toten-Land, an den Ort unser aller Vernichtung"[93]. Sterben hieß: vergessen werden; und wer sich nicht besonders ausgezeichnet hatte, der verfiel spätestens nach 320 Tagen diesem Schicksal[94] — niemand gedachte seiner.

Es ist schwer zu ermessen, welche sozialen Bedingungen dazu führten, wieso es dem Individuum weniger darauf ankam, daß die Gesellschaft als daß die *Gottheit* von seiner Vorbildlichkeit wisse. Gewiß ist aber, daß dahinter die Überzeugung stand, die Gesellschaft sei — vielleicht wegen allzu großer Strukturveränderungen — nicht mehr imstande, die Erinnerung an den Wert des Individuums zu gewährleisten. Folglich mußte etwas, das außerhalb der Gesellschaft stand und deshalb den Wandlungen entzogen war, zum Fixpunkt werden: die Gottheit. Bei ihr mußte man sich Geltung verschaffen, ihr mußte man sagen und zeigen, wie vorbildlich man gelebt hatte. In der Erinnerung der Gottheit aufgehoben, lebte man ewig — von ihr vergessen, ging man im Mictlan verloren. Deshalb: „Nur in deinem Schatten, nur dort ist Schutz zu finden ... Nur dein ist der Ruhm, nur dein die Ehre. Durch ihn (den Gott) kommen alle zur Welt, durch ihn zu Ehren"[95]. Allerdings mußte man auch die Gleichgültigkeit der Gottheit überwinden: „Ja, alsbald weine ich, daß du (Gott) so gleichgültig bist, daß Grünedelgestein in Stücke geht, daß Quetzalfedern knicken ... Kennst du (Gott) uns denn nicht? Du verleugnest uns, läßt uns hier zugrunde gehen. Wir weihen dir ja das für dich Bereitete ... Doch niemand in deiner Nähe sagt (dir), daß du von (uns) Elenden um Gehör gebeten wirst"[96].

---

88 Schultze—Jena (1957): 143 (fol. 27 v)
89 ebenda
90 León-Portilla (1966): 203 ff.
91 Schultze—Jena (1957): 69 (fol. 14)
92 Garibay (1953): 195
93 Schultze—Jena (1957): 63 (fol. 12 v)
94 Motolinía (1858): 31. Der Todestag wurde viermal, im Abstand von achtzig Tagen begangen. Danach nicht mehr. Im Codex Vaticanus 3738, fol. 46 v. steht, daß man vier Jahre lang des Toten gedenkt, da er während dieser Zeit besonderen Gefahren ausgesetzt sei. Danach komme er an einen „geruhsameren Ort".
95 Schultze—Jena (1957): 91 (fol. 18)
96 op. cit.: 63 (fol. 12 v)

Dadurch, daß das Prestige bei der Gottheit aufgehoben wurde und so Unsterblichkeit verlieh, bekam jede seiner Forderungen eine ungemeine Anziehungskraft. Im Grunde genommen wurde das Prestige zu einer Art Freibrief — denn was wäre man nicht bereit zu leisten gewesen, wenn man dafür Unsterblichkeit eintauschen konnte? Wir können deshalb annehmen, daß eine Gesellschaft, deren Angehörige an dieses ‚göttliche' Prestige glaubten, zu außerordentlichen Taten entschlossen sein mußte, und wir vermuten, daß diese Form von Prestige wahlverwandt mit Gesellschaften ist, die einen besonders beschleunigten Kulturwandel durchlaufen.

„Mit Gesang und mit dem Schall von Muschelhörnern" zog der Gefangene ein, den der Fänger zum Zeichen seines Sieges am Schopf gepackt hielt. Besonders auf solche Opfer, die kämpfend zu sterben hatten, also aktiv an der Zeremonie beteiligt waren, mochte zutreffen, was Sahagún berichtete: „Aber wenn einer stark ist, sich nicht als Weib kundgibt, sich als einen Mann rühmt, stark in der Brust, tapferen Herzens, so kommt er mit lauter Stimme daher, er schwankt nicht, er sinkt nicht hin. Ruhm verkündet er, er rühmt seine Stadt. Freiwillig kommt er und spricht: ‚Ich gehe jetzt dahin, ihr aber sollt von mir in meiner Heimat sprechen'"[97]. Diesem Krieger — der eigentlich kein menschlicher Krieger mehr, sondern ein Gott war[98] — reichte man Wein, den er weihend zur Sonne empor hob und dann selber mit einem Saugrohr schlürfte. Nach weiteren Zeremonien bestieg er den runden Stein und wurde mit einem Seil angebunden, aber so, daß ihm noch genug Bewegungsfreiheit blieb. Man gab ihm ein mit Daunenfedern beklebtes (statt mit Obsidiansplittern besetztes) Holzschwert und vier Holzblöcke als Wurfgeschosse. Der Krieger, welcher das Opfer einst gefangen genommen hatte, trat hervor und tanzte um ihn herum. Dann begann der Kampf: „Und wenn ein Gefangener mutig und tapfer ist, so können es alle vier (je zwei Adler- und Jauarkrieger; M. E.) nicht zuwege bringen (nämlich ihn zu verletzen, damit er kampfunfähig werde; M. E.). Er hält ihnen stand, er täuscht ihre Erwartungen"[99].

Kommentar. Eindrucksvoll ist, wie dieser zu opfernde Krieger mitzuspielen hatte, was natürlich tiefstes *Einverständnis* zwischen Opfer und Opfernden voraussetzte. Bei Pomar erfährt man, daß man nur die tapfersten Gefangenen für diese Zeremonie „nach vielen Erkundigungen über deren Tapferkeit und Seelenstärke"[100] auswählte. Die vier anderen Krieger gehörten ebenfalls zu den „tapfersten und erlesensten aus der ganzen Stadt und Provinz"[101]. Oft kam es vor, daß unter den Gefangenen viele doch nicht „ihre Zeit in solch eitlem Tun vergeuden wollten und sich bald in den Tod und der Opferung ergaben, wobei sie diejenigen, von denen sie einst besiegt worden waren, weniger berühmt machten. Denn es war so, daß die Krieger, von denen sie gefangengenommen worden waren, umso berühmter wurden, je mehr Mut und Seelenstärke sie in diesem Opferkampf bewiesen"[102]. Auch aus diesem ‚technischen' Grunde wählte man

---

97 Seler (1927): 63
98 Im Codex Magliabecchi wird dieser Krieger als Xipe Totec dargestellt. Abbildung bei Krickeberg (1956): 233
99 Seler (1927): 70
100 Pomar (1964): 169/75
101 ebenda
102 op. cit.: 170—1/82

also solche Opfer sorgfältig aus, und manchmal hatte man zwar viele Gefangene, aber fand doch keinen, dem man diesen Kampf glaubte zumuten zu können. Pomar berichtet dann weiter, daß sich zu diesem Kampf viel mehr Leute als zu den anderen Festen einfanden, „weil es doch eine berühmte Sache war mit tapferen Männern, die dort starben ..., und die Könige erlaubten sogar, daß auch die Einwohner der feindlichen Städte (von denen die Gefangenen stammten) unter freiem Geleit kommen durften"[103]. Wir finden dies bei Sahagún bestätigt[104].

Wie wir bemerken, sprechen die Zeremonien des ‚Wissen-lassens' recht deutlich aus den Berichten der Chronisten: der Fänger verkündete seine Taten; der Gefangene bezeugte im Opferkampf seine und seines Besiegers Tapferkeit.

Wurde das Opfer kampfunfähig, so nahm man ihm das Schwert weg und opferte ihn, indem man ihm die Brust öffnete und sein Herz der Sonne weihte. „Und ein anderer Priester bringt das Adlersaugrohr. Sie stellen es in die Brust des Gefangenen ... sie saugen es voll Blut, dann heben sie es weihend zur Sonne empor. Man sagt, sie baden sie damit"[105]. Eine Schale voller Blut übergab man dem ‚Fänger', und mit ihr machte er sich auf den Weg, die anderen Götterstatuen zu speisen. „Überallhin geht er. Auf die Lippen der Steinbilder ... bringt er das Blut der Gefangenen, mittels des Saugrohrs läßt er sie kosten"[106]. Nach diesem Opfergang wurde der Tote enthäutet und dessen Haut einem jungen Priester angezogen. Dann fand eine letzte Prozession statt, in der die ‚Stellvertreter' der Götter auftraten und „die (Adler und Jaguare), die den sacrificio gladiatorio ausgeführt haben in vollem Schmuck, zum Schluß der Fänger, die in dieser Weise (von ihren Kriegstaten) Kunde gegeben haben. Alle haben an der Hand hängen je einen Kopf der Gefangenen ... damit tanzen sie ..."[107].

Kommentar. Man vermutet, daß dieser im Februar gefeierte sacrificio gladiatorio mit der Erneuerung der Natur im Frühling zusammenhing[108]. Xipe Totec, das Prinzip der Fruchtbarkeit, wird im Kampf durch Sonne und Erde (Adler und Jaguar) besiegt, so daß Kraft frei wurde, damit die Erde eine neue ‚Haut' anziehen und eine neue Ernte tragen konnte. Ob diese Deutung stimmt, braucht uns hier nicht weiter zu interessieren. Gewiß ist, daß die Azteken sich von diesem Kampf und Opfer einen günstigen Einfluß auf das Naturgeschehen versprachen.

In diesem Kampf spielte der Fänger eine hervorragende Rolle, in welcher seine virtù, seine Fähigkeiten voll zur Entfaltung kamen, und zwar vor der ganzen Welt: vor den Göttern, vor seiner eigenen Gemeinschaft und vor den Abgesandten der fremden feindlichen Städte. Viele Zeremonien zielten eben darauf, die Leistungen des Fängers herauszustellen und bekannt zu machen: der Tanz um das Opfer zeigte, daß *er* den Gefangenen gebracht und die Opferung erst möglich gemacht hatte; ihm fiel es auch zu, von Abbild zu Abbild zu gehen, um sie vom Blut der Gefangenen trinken zu lassen; er schritt in der letzten Prozession zusammen mit den Repräsentanten der Götter. Nach diesen Zeremonien war er dann nicht mehr der

---
103 ebenda
104 Seler (1927): 73
105 op. cit.: 71
106 ebenda
107 op. cit.: 73
108 Preuss—Mengin (1938): 32, ebenso Jensen (1966): 107

Krieger X, sondern der allen bekannte Krieger, der die Götter ernährt, und der durch seine Leistung beigetragen hatte, die Welt zu erhalten.

Der *Erfolg* wurde für jedermann daraus ersichtlich, daß der Mais wuchs, der Regen fiel und das Leben überhaupt möglich war. Da es so war, waren auch die Menschenopfer notwendig und sinnvoll. Und wenn auch in manchen Jahren Überschwemmungen Verwüstungen anrichteten oder Trockenheit und Hungersnot herrschten — solange die Sonne und die Erde sich bewegten, ließ es sich hier auf Erden leben. Solange auch die Azteken auf dem Schlachtfeld einen Sieg nach dem anderen errangen und die Schätze in Tenôchtitlan zusammenflossen, mußten ja die Opfer und die entsprechenden Leistungen als der richtige Maßstab für die Beurteilung und Bewertung der Menschen erscheinen.

Der *Wert*, um den es im Kult ging, war die Welt und das Leben in ihr, denn die aztekische Religion war auf das Diesseits ausgerichtet. Diese Ausrichtung brachte sie in Einklang mit dem Streben der Menschen in der Welt. Es kam also nicht zu einer Spaltung wie im Christentum, wo das Irdische als das Zeitliche das war, was man überwinden sollte, sondern die gesellschaftlichen, bzw. herrschaftlichen Werte waren eins mit den religiösen Werten. Weltlicher Erfolg und religiöser Erfolg schlossen sich nicht aus — sie waren eins. Im Kultfest erwies man seinen Erfolg. Der Ort, wo man ihn errang, war der Krieg. Hier zeigte es sich, ob man kraft seiner virtù fähig war, fortuna[109] zu zähmen und erfolgreich zu werden.

1.2.3.1. Der Krieg und seine Ideologie, oder: Die Einfrierung des Kulturwandels

Erfolgreich war derjenige Krieger, der für seine Gemeinschaft am meisten Gefangene machen konnte. Deren Anzahl bestimmte seinen Rang in der Gesellschaft. Im Codex Mendoza finden wir die Abbildungen der ‚Offiziers'-Ränge, die für jedermann durch die Farben der Kleidung, des Schmuckes, der Schilder, etc. erkenntlich waren. Diese ,,gaben an, wie sich die Männer im Krieg ausgezeichnet haben. Gemäß der Anzahl Gefangener... stiegen sie vom Grad zu Grad zu höherer Autorität..."[110]. Es herrschte dabei eine festgelegte Ordnung: den niedrigsten Rang erwarb man sich, wenn man mit anderen jungen Krieger zusammen eines lebendigen Gegners habhaft werden konnte (es ist eine Eigentümlichkeit der mexikanischen Kultur, daß nur der gefangengenommene, nicht aber der getötete Krieger ‚zählte')[111]. Als Zeichen seines Mutes durfte er ein Haarbüschel, das über das rechte Ohr fiel, behalten, und eines am Nacken abschneiden. Den so Geehrten grüßten seine Verwandten folgendermaßen: ,,Dir, unse-

---

[109] Machiavelli hatte Fortuna mit einem Strom verglichen (vgl. Seite 00), die Azteken veranschaulichten sie durch andere Bilder: die des Feuers und des Sturmes. ,,Einen Krieg anfangen" hieß: ,,Feuer erbohren"; der Krieg wurde so beschrieben: ,,Es flackert und weit über die Felder dehnt sich nun der Kriegsbrand aus" (Schultze-Jena (1957): 93 (fol. 18 v).
Der Krieger hat dieses Feuer zu zähmen und sich zunutze zu machen, auch auf die Gefahr hin, darin zu verbrennen. Das Bild des Sturmes bringt die Machtlosigkeit des Menschens und die Willkür der Fortuna zum Ausdruck: ,,Kriegssturm wirbelt wie eine Spindel im Kreise, Staub raucht auf" (op. cit.: 105 (fol. 20 v), denn hier ist der Krieger nur aufgewirbelter Staub.

[110] Codex Mendoza (1831—1848) Abb.: Bd. I, Tafel 65; Kommentar: Bd. V. S. 102
[111] Motolinía (1858): 46; Muñoz Camargo (1892): 15

rem Enkel, haben die Sonne und die Erde das Gesicht gewaschen ... da du gewagt hast und dich angestrengt hast zusammen mit anderen jemanden zu fangen. Doch denk daran, daß es besser wäre, du gingest verloren oder fielest in die Hände der Feinde, als daß du noch einmal in Gesellschaft anderer einen Feind ergriffest, denn dann würde man dir ein zweites Haarbüschel über das Ohr wachsen lassen, damit du einem Mädchen gleich sähest, und besser wäre es (deshalb), wenn du stürbest"[112].

Die einmal bewiesene Tapferkeit *verpflichtet* – unter Androhung der Entehrung –, sich weiterhin auszuzeichnen. Drastisches Beispiel einer reinen Erfolgsethik.

Sahagún beschreibt dann weiter, wie der Krieger in der Hierarchie aufstieg und mit immer höheren Titeln und Ehren bedacht wurde, je mehr Gefangene er einbringen konnte. Aber nicht allein die Zahl entschied: die höchsten Ehren erlangte man nur entweder, wenn man – wie im Codex Vaticanus 3738 überliefert[113] – nur mit einem Netz (statt der üblichen baumwollenen Rüstung) bekleidet und ohne Waffen in den Krieg zog und dennoch siegreich zurückkehrte, wenn man also seine Kräfte bewiesen hatte, ohne andere Mittel zu Hilfe zu nehmen; oder wenn man seine Gefangenen in den Blumen-Kriegen, im Kampf mit ausgewählten Gegnern[114] gemacht hatte.

Welche Werte wurden also im Krieg realisiert? Auch hier wollen wir die Werte aus den Zwecken heraus erkennen. Einer dieser Zwecke war, aus dem freien Feind einen Gefangenen zu machen. Vom religiösen Wert dieser Gefangenen war bereits die Rede: indem man ihn opferte, sicherte man den weiteren Bestand der Welt. Im Glauben der Mexikaner war der Krieg deshalb eine Notwendigkeit, die nicht aus bloß wirtschaftlichen, gesellschaftlichen oder politischen Zwecken abgeleitet werden konnte. Für sie war der Krieg methaphysisch in dem Sinne, daß er mit den letzten Gründen des Seins der Welt zusammenhing.

In der „Historia de los Mexicanos por sus Pinturas" findet sich eine Überlieferung, in der erzählt wird, wie die Götter, nachdem sie den Himmel gehoben und die Erde lebendig gemacht hatten, zusammenkamen und zueinander sagten, daß „weil die Erde kein Licht habe, im Dunkeln stünde und zur Beleuchtung nur Feuer da sei, sie eine Sonne machen wollen, damit diese die Erde erhelle. Sie würde Herzen und Blut brauchen, und aus diesem Grunde würden sie, die Götter, auch den Krieg schaffen, wo Herzen und Blut zu haben seien"[115]. In einem Gebet an Tezcatlipoca, dem Gott, der den Krieg erfunden hatte[116], lesen wir: „Die Gottheit der Erde öffnet den Mund, hungrig das Blut zu kosten all derjenigen, die in diesem Krieg sterben werden. Es scheint, als ob die Sonne und die Gottheit der Erde sich erfreuen wollten ... Man will den Göttern des Himmels und der Erde zu essen und zu trinken geben, sie zum Mahl einladend mit dem Blut und dem Fleisch der Männer, die im Krieg sterben werden"[117].

Alle diese Mythen verankern den Krieg in Bereichen, die dem Zugriff der Menschen entzogen waren, und wo kein – zumindesten kein von den

---

112 Sahagún (1956): VIII/XXI/I ff/S. 330
113 Codex Vaticanus 3738: fol. 58 v
114 Sahagún (1956): VIII/XXI/17/ S. 332
115 Garibay (1965): I/VI/62/ S. 33–434
116 Codex Vaticanus 3738: fol. 44 v
117 Sahagún (1956): VI/III/3/ S. 62–63

Menschen gewollter — Wandel stattfinden konnte. Die Zwecke des Krieges verschmolzen mit denjenigen des Kultes; sie hatten beide den gleichen Sinn, nämlich die Götter zu ernähren und die Welt zu erhalten[118]. Der kultische Aspekt des Krieges trat auch in der Bekleidung der Krieger hervor. Seler hat in seinem von uns bereits zitiertem Aufsatz: „Altmexikanischer Schmuck und soziale und militärische Rangabzeichen"[119] die Verbindung zwischen dem Schmuck der Krieger und den kennzeichnenden Attributen der Gottheit eingehend nachgewiesen. Eine politisch so eminent wichtige Eroberung wie die des Nachbarorts Tlatelolco wurde von den Azteken in ihren Codices so dargestellt, daß ihr „König" und Anführer Axayacatl (1469—1481) in der Kleidung des Gottes Xipe Totec den feindlichen Haupttempel erstürmt[120]. Der Krieg, und zwar nicht nur der eigentliche kultische Blumen-Krieg, wurde somit als Götterkampf, als religiöses Ereignis wiedergegeben. Konsequenterweise entsprachen auch, wie Motolinia überliefert, die Vorbereitungen zum Krieg genau den Vorbereitungen zum Kult[121].

Die Verbindung zwischen Krieg und Kult fand jedoch ihre klarste Ausprägung in den nun ausdrücklich von allen politischen und wirtschaftlichen Zwecken befreiten Blumen-Kriegen. Ixtlilxochitl berichtet, daß in der Mitte des fünfzehnten Jahrhunderts eine gewaltige Hungersnot während mehrerer Jahre das Hochtal von Mexiko heimsuchte. Die Priester führten das auf die Unzufriedenheit der Götter zurück und forderten mehr Menschenopfer, um sie zu besänftigen. Man kam also überein, sich in bestimmten Zeitabständen in genau abgegrenzten Kampffeldern zu treffen. „(Die) ... dort gefangengenommenen Krieger würden den Göttern geopfert werden, denen diese Speise sehr willkommen wäre, da sie ja warm und frisch vom Schlachtfeld käme. Zudem könnten sich dort die Kinder des Adels im Kämpfen üben und daraus als berühmte Feldherrn hervorgehen"[122]. Hervorgehoben wurde weiter, daß die Grenzen der Felder nicht überschritten werden sollten, und daß niemand beabsichtigen dürfte, irgendwelche Ansprüche auf Länder und Herrschaften aus den Siegen zu erheben. Für den Fall, daß sich eine der beteiligten Parteien in Schwierigkeiten befände, müßten diese Blumen-Kriege ausfallen[123].

Im Codex Ramírez finden wir einige Einzelheiten, die uns ein näheres Verständnis der Blumen-Kriege erlauben. Motecuhzoma I. (1440—1469) habe so viele siegreiche Schlachten geschlagen und so viele Herrschaften unterworfen, daß zu befürchten gewesen sei, es würden keine Kriege mehr ausbrechen. Dann aber würde man den Göttern nicht mehr die von ihnen so heiß begehrten Menschenopfer darbringen können. Aus diesem Grunde habe Motecuhzoma beschlossen, daß seine Soldaten zu den „Märkten" von Tecoal gehen sollten, und daß sie dort „statt Edelsteine zu kaufen, mit ihrem Blut Menschenopfer für ihre Götter kaufen mögen"[124]. Diese Ortschaften sollen, heißt es an einer anderen Stelle, ganz bewußt nicht unterworfen worden sein — obwohl das den Azteken ohne weiteres möglich

---

118 Krickeberg (1956): 229; Garibay (1953): I: 85—86
119 Seler (1904): II 509 ff. Ebenfalls: Codex Mendoza (1938): I: 62
120 Barlow (1944): 530—540
121 Motolinía (1858): 53
122 Ixtlilxochitl (1965): II/XLI/ S. 207
123 ebenda
124 Codex Ramírez (1878): 132

gewesen wäre — damit erstens „jene Menschen als Speise für ihre Götter ... dienen sollten und zweitens ihre tapferen Arme sich üben und der Wert und die Tapferkeit (valor) jedes Einzelnen erkannt werden könnte"[125].

Vergleichen wir die beiden Texte, so merken wir, daß zwei verschiedene Gründe für die Einführung der Blumenkriege gegeben wurden: Ixtlilxochitl nannte eine Hungersnot, der Codex Ramírez die Befürchtung, die Azteken würden keine oder zu wenig Menschenopfer mehr darbringen können. Aber beide betonen, daß diese Kriege keine wirtschaftlichen oder politischen Ziele verfolgten, und beide geben die Beschaffung von Menschenopfer *und* die Ermittlung des Wertes und der Tapferkeit des Einzelnen als die eigentlichen Zwecke der Blumenkriege an.

Diese Blumenkriege waren somit der ideale Ort, wo man mit seiner Brust und seinem Schweiß sich die untadeligen Blumen[126], nämlich die Gefangenen und den Ruhm, verdienen konnte. Hier, in genau abgegrenzten Rahmen, von Göttern und Menschen beobachtet, konnte man seine Vorbildlichkeit zeigen. Kämpfend ahmte man die Götter nach und trug durch seine Leistung bei, die Welt zu erhalten. Die Blumenkriege waren also eine Art Auslesemechanismus, die Wichtigkeit, die diese Institution hatte, geht daraus hervor, wie glänzend sie gegen äußere Einflüsse abgesichert war. Denn indem man diesen Krieg letztlich im Mythos fundierte, entzog man ihn *und* die Hierarchie, die er begründete, dem historischen Wandel. Diese Kriege führten ja der Gesellschaft ständig vor Augen, wie sehr sie auf die Krieger angewiesen war, und solange man an die mythische Notwendigkeit dieser Kämpfe glaubte, war die Stellung der Krieger natürlich uneinnehmbar. Ihre Position war sogar umso sicherer, weil die Mythen die Blumenkriege legitimierten; umgekehrt haben die Blumenkriege wahrscheinlich auch wesentlich zur Glaubwürdigkeit der Mythen beigetragen[127]. Theorie und Praxis — wenn wir diese Ausdrücke hier so verwenden dürfen — waren in diesem Fall auf künstliche Art und Weise genau aufeinander abgestimmt und bestätigten sich unaufhörlich. Somit war der Kulturwandel gleichsam eingefroren. Die Spannungen, die daraus resultierten, werden uns in einem späteren Kapitel beschäftigen.

Der bisher herausgestellte kultische Aspekt des Krieges würde ohne die Berücksichtigung seiner *wirtschaftlichen* Momente einseitig bleiben. Und das besonders deshalb, weil die aztekische Weltanschauung in ihrer Bezogenheit auf das Diesseits natürlich keine scharfe Unterscheidung zwischen den wirtschaftlichen und den religiösen Zwecken des Krieges machte. Das ging bereits aus der Verheißung Huitzilopochtlis hervor, der den Mexikanern Glück und Wohlstand versprach[128]. „Durch Kriege muß ich Erobe-

---

125 op. cit.: 101
126 vgl. Seite 47
127 Vgl. Nietzsche, „Menschliches Allzumenschliches", Aphorismus 55: „Keine Macht läßt sich behaupten, wenn lauter Heuchler sie vertreten; die katholische Kirche mag noch so viele ‚weltliche' Elemente besitzen, ihre Kraft beruht auf jenen auch jetzt noch zahlreichen priesterlichen Naturen, welche sich das Leben schwer und bedeutungstief machen, und deren Blick und abgehärmter Leib von Nachtwachen, Hungern, glühenden Gebeten, vielleicht selbst von Geißelhieben redeten; diese erschütterten die Menschen und machten ihnen Angst: Wie, wenn es nötig wäre so zu leben? — dies ist die schauderhafte Frage, welche ihr Anblick auf die Zunge legt. Indem sie diesen Zweifel säen, gründen sie immer wieder von neuem einen Pfeiler ihrer Macht" (S. 66—67). Diese Überlegungen lassen sich ohne weiteres auch auf die Azteken und die Blumenkriege übertragen.
128 Vgl. Seite 55/56

rungen machen, um mein Haus mit Smaragden, Gold und Federn zu schmücken ... und ebenso muß ich alle möglichen Farben von Baumwolle und Gewebe haben — alles muß ich sehen und besitzen, denn das ist mir aufgegeben, ist mein Beruf, und dazu bin ich gekommen"[129]. Dem Gott zu folgen bedeutete deshalb ganz selbstverständlich, daß man durch ihn auch zu Wohlstand kommen würde. Mendieta schreibt, daß die Gottheit zuweilen den Mexikanern erschien, und daß die Mutigen unter ihnen die Erscheinung so lange nicht losließen, bis sie das Versprechen abgab, daß sie ihnen helfen würde, Gefangene zu machen, damit sie als Krieger geehrt würden und zu essen hätten[130].

Eine Variante der Entstehungsmythen des Krieges gibt diesem wirtschaftlichen Aspekt des Krieges besonders deutlichen Ausdruck. Bisher wurde dieser Mythos als Naturmythos interpretiert; wir möchten nun seinen sozio-ökonomischen Gehalt herausstellen. Der Sonnengott wollte von den vierhundert Wolkenschlangen[131] ernährt werden. „Er gibt ihnen den Pfeil. — Er sprach zu ihnen: ,Das ist's womit ihr mir zu trinken, womit ihr mir zu essen geben sollt'. ... Aber nicht taten (die vierhundert Wolkenschlangen) das ihnen Aufgetragene. Nur mit ständigem Vogelschießen, nur damit vergnügten sie sich. ... Und bisweilen fangen sie den Jaguar, nicht aber geben sie ihn der Sonne". Sie betranken sich auch und schliefen mit ihren Frauen. Die Sonne wandte sich deshalb an die fünf nachgeborenen Wolkenschlangen[132], gab ihnen Waffen und sprach zu ihnen: „O meine Kinder! ... Jetzt sollt ihr die vierhundert Wolkenschlangen vernichten, (die) nicht sagen: unsere Mutter, unser Vater[133]". Es kam zum Kampf, und vierhundert Wolkenschlangen wurden besiegt. „Und erst damals gaben sie dem Sonnengott zu essen und zu trinken. Aber die anderen, die übrig geblieben waren, da kamen sie, sie zu bitten, dadurch sie besänftigend"[134].

Wir können diesen Mythos in verschiedene Bedeutungsfelder aufgliedern. Das eine besteht aus Bedeutungen, die sich auf den Himmelsbereich beziehen; in ihm sind die Bewegungen zwischen der Sonne, dem Mond (fünf Wolkenschlangen) und die Sterne (vierhundert Wolkenschlangen) wiedergegeben. Dieses Bedeutungsfeld ist von Interpreten wie Seler, Preuss und Krickeberg einseitig zur Deutung der Mythe herangezogen worden, so daß sie in ihr nur den Versuch einer mythologischen Interpretation astronomischer Verhältnisse erkennen konnten. Die Methode von Lévi-Strauss hingegen, so wie er sie bei der Interpretation der Asdiwal-Mythe[135] ver-

---

129 Tezozómoc (1878): 225—26
130 Mendieta (1870): II/XII/S. 95; ebenso Schultze—Jena (1952): 272: „Du suchst, wo Ansehen und Reichtum vom allgegenwärtigen Gott zu haben sind".
131 ‚Wolkenschlangen': die Sterngötter des Nordhimmels oder die Sterne überhaupt" (Krickeberg (1928): 321); daraus wird die naturmythologische Deutung dieser Geschichte abgeleitet: sie stelle den Kampf zwischen den Sternen und dem Mond dar. Der Name „Wolkenschlange" ist aber auch der mythische Ausdruck für die nördlichen Jägerstämme (op. cit.: 351). Lehmann, der Übersetzer obiger Mythe, stimmt mit dieser Deutung überein (Lehmann 1938: 353, Anm. c).
132 Die fünf nachgeborenen Wolkenschlangen entsprechen einerseits dem Mond in seinen verschiedenen Phasen (Krickeberg (1928): 323), andererseits dem Stamm der Méxika (Lehmann (1938): Par. 1500, S. 353 und Anm. a)
133 „unsere Mutter, unser Vater": Lehmann (op. cit.: 356, Anm. 1) gibt an, daß diese Bezeichnung als Name der Sonne galt. Andererseits wissen wir aber auch, daß es sich hierbei um eine Anredeform der Herrscher handelte (Schultze—Jena (1952): 121 (voll. VIII: fol. 130), ebenso Sahagún (1956): VI/X/15/ S. 92)
134 Lehmann (1938): Par. 1497—1516, S. 352—357.
135 Lévi-Strauss (1964)

wendet, vermeidet solche Einseitigkeiten; sie erlaubt, auch die anderen Bedeutungsfelder in die Deutung miteinzubeziehen, um dann aus der Aussage *aller* Felder die eigentliche Mitteilung der Mythe zu erkennen. Mit dem — wie man es nennen könnte — astro-logischen Bedeutungsfeld verbindet sich ein historischer: die Namen der Wolkenschlangen sind ja zweideutig und bezeichnen auch Völkerschaften; der Mythos deutet die Reihenfolge ihrer Erscheinung auf dem Hochland an: zuerst waren die Chichimeken, und zwar deren erste Gruppe, die Otomī,[136] auf dem Hochtal, und diese wurden dann von Náhua-Stämmen, zu denen auch die Mexikaner gehörten, verdrängt. In engem Zusammenhang mit diesem historischen Bedeutungsfeld steht das uns besonders interessierende soziologisch-ökonomische. Hier sind Abhängigkeits- und Zwangsverhältnisse dargestellt. Die Sonne forderte Abgaben, aber die vierhundert Wolkenschlangen befriedigten nur ihre Bedürfnisse und beachteten die Gottheit nicht. Im Mythos war die Rede davon, daß die Wolkenschlangen einen Jaguar erlegt, aber ihn nicht der Sonne abgeliefert hatten. Lehmann weist auf Sahagúns Darstellung hin, daß die Chichimeken der Steppe, ,,wenn sie irgendwo einen Jaguar, einen Wickelbär, einen Puma mit dem Pfeile treffen, so geben sie ihm (dem Häuptlinge) das Fell und das Fleisch"[137]. Die Abgaben bedeuteten somit die Anerkennung eines Herrschaftsverhältnisses. Da nun die vierhundert Wolkenschlangen diesen Tribut nicht leisteten, sondern offenbar für sich verwendeten und die Herrschaftsansprüche des Sonnengottes nicht anerkannten, überzog sie dieser — mit Hilfe der nachgeborenen Wolkenschlangen — mit Krieg und ließ sie töten. Die Entstehung des Krieges wird in diesem Mythos somit weniger auf die Notwendigkeit, die Sonne mit Blut- und Menschenherzen zu speisen, zurückgeführt (sie wäre eigentlich mit der üblichen Jagdbeute zufrieden gewesen) als darauf, daß nur durch den Krieg die geforderten Abgaben eingetrieben und die Herrschaft aufrechtgehalten werden könnten. Herrschaft, Tribute, Krieg und Opferung gehörten zusammen, und zwar so eng, daß damit die Verdrängung des einen Volkes durch das andere verständlich gemacht werden konnte. Die Einbettung in die himmlischen Verhältnisse weckte schließlich die Vorstellung der unaufhörlichen Wiederholung.

Diese Ausführungen mögen genügen, um zu zeigen, daß für die Mexikaner der Krieg nicht nur eine mythisch-religiöse, sondern auch eine wirtschaftlich-politische Erscheinung war. Diese zwei Auffassungen über die Natur des Krieges legen uns natürlich die Frage nahe, ob man von einem mexikanischen Machiavellismus sprechen darf, so wie es zum Beispiel López Austin und Friedrich Katz tun. In seinem Buch ,,La constitución real de México-Tenóchtitlan" meint López Austin, daß die Blumen-Kriege eingeführt worden sind, damit die Städte, die den Azteken Konkurrenz machen könnten, also insbesonders Tlaxcalla, Huexotzinco und Cholula, durch diese kultischen Kriege ständig beansprucht, in ihrem Außenhandel gehemmt würden. Die Blumen-Kriege seien die ideale Institution gewesen, um die Konkurrenz in Schach zu halten.[138] Friedrich Katz nennt Tlacaellel [1400(?)—1480(?)], der Wesentliches zur Einführung der Blumen-

---

136 Lehmann (1938): 354, Anm. 3; ebenfalls Krickeberg (1956): 52
137 Seler (1927): 400
138 López Austin (1961): 43—44

Kriege beigetragen hatte, einen „Machiavelli der aztekischen Politik"[139]. Versteht man unter Machiavellismus eine Politik, die religiöse und moralische Vorstellungen nur zum *Vorwand* (da der Herrschende selber nicht mehr an sie glaubt) nimmt, um Machtansprüche durchzusetzen, dann verdeckt man das eigentliche Problem mehr als daß man es erklärt. Die Frage, die sich dann aufdrängt, ist: warum gerade diese und keine anderen religiösen und moralischen Vorstellungen als Deckmantel benutzt wurden. Daß aber gerade Ideen wie diejenigen der notwendigen Menschenopfer dafür verwendet wurden, beweist, wie überzeugend sie gewesen sein müssen, da ja nur solche als Vorwand gebraucht werden konnten. Aber der Begriff ‚Machiavellismus' scheint uns auch noch deshalb nicht den Kern des Problems zu treffen, weil er nur dort sinnvoll ist, wo zwischen Religion, bzw. Moral und Politik bzw. Wirtschaft ein Gegensatz, wie etwa zwischen Christentum und Machtpolitik, herrscht. In Mexiko war das, wie wir gesehen haben, nicht der Fall. Religiöser, politischer und wirtschaftlicher Erfolg schlossen sich nicht aus, sondern bestätigten sich.

1.2.3.2 Kultfest, Krieg und Prestige

Wir haben gesehen, daß der für den Erwerb des Prestiges maßgebende Erfolg ein kultisch-kriegerischer Erfolg war. Der Sinn des Prestiges war somit in der religiösen Sphäre aufgehoben. Prestige bedeutete nun Unsterblichkeit, denn es war die Gottheit, die von der Vorbildlichkeit wußte. Vorbildlichkeit hieß in Mexiko, daß man sich im Krieg bewährt und seine Aufgabe, nämlich Gefangene für die Opfer zu machen, erfolgreich durchgeführt hatte.

Dieser religiöse Sinn des Prestiges stand jedoch keineswegs im Widerspruch zu seinem politisch-wirtschaftlichen Zweck. Prestige-haben bedeutete für die Mexikaner ganz selbstverständlich, daß man damit auch Macht und Reichtum erwarb. Die auf das Diesseits bezogene aztekische Religion kannte nicht die etwa für das Christentum typische Alternative zwischen Frömmigkeit und Macht. Aus diesem Grunde konnte die politisch-wirtschaftliche Funktion des Krieges ohne weiteres durch den Mythos begründet und legitimiert werden, und zwar in einem Zusammenhang, der für uns von besonderem Interesse ist. Herrschaft, Tribut, Krieg und Opferung bildeten einen einheitlichen Komplex, der sozusagen den innersten Kern der mexikanischen Kultur ausmachte, und der durch seine Verbindung mit dem Prestige eine besondere Festigkeit bekam: solange die Mexikaner nach der Art Prestige, wie es in Mexiko definiert war, strebten, würde jener Kern immer von neuem reproduziert werden.

1.2.4. Die Erwartungen und Reaktionen der Gesellschaft

Aus den Beschreibungen des Kultfestes und des Krieges ging bereits Einiges über das Verhalten, das die Gesellschaft vom vorbildlichen Individuum erwartete, hervor: es mußte tapfer sein, gut kämpfen können und das kultische Zeremoniell beherrschen. Auch das Verhalten der Gesellschaft ist, wenn auch nur andeutungsweise, erwähnt worden: der erfolgreiche Krieger wurde bewundert und geehrt. Aber das war nicht alles. Wir können dem „Edikt", durch welches die Blumenkriege (vgl. S. 68) eingeführt wur-

---

139 Katz (1969): 324

den, Genaueres entnehmen, vor allem „daß wer aus einem dieser Märkte einen Gefangenen heimbringt, aus dem königlichen Schatz Edelsteine, je nach seiner Leistung, empfangen werde, und daß weder Nichtadeliger noch Adeliger, und wäre er auch königlichen Blutes, an seiner Kleidung — die so sei, wie sie die Armen und die Leute von geringer Bedeutung tragen — irgendwelchen Schmuck anbringen dürfe, den er nicht in diesen Kriegen erworben hätte . . . Auf diese Weise würden die, welche feig und von wenig Herz, und die, welche Tapfer und mutig gewesen seien, zu erkennen sein . . . Und schließlich ward es ihnen zum unübertretbaren Gesetz . . ., daß wer keinen Geschmack fand, in den Krieg zu gehen, als ein Nichts betrachtet und von niemandem geehrt werden sollte. Auch würde er nicht mit den Helden zusammenkommen, sondern ein abseitiger Mensch, ein abgeschnittenes Glied, verfault und bar jeder Tugend (virtud) bleiben. Die ganze Gemeinschaft freute sich über dieses Gesetz, denn nun hatten die Männer die Möglichkeit, sich darin zu üben, Ehre zu gewinnen. So beschlossen die Anführer, dieses Gesetz gutzuheißen"[140].

Die Gesellschaft, repräsentiert durch ihre Herrschaftsinstitutionen, belohnte und zeichnete den tapferen Krieger mit Ehre und Schmuck aus und nahm ihn in die Gemeinschaft der Helden auf. Bemerkenswert ist, daß diese Gemeinschaft der Helden nicht mit dem Adel identisch war, es konnte ja jemand königlichen Blutes und doch ein Feigling sein, und das weist auf die Möglichkeit eines Konflikts hin, in den das kriegerische Leistungsprinzip mit dem Verwandtschaftsprinzip geraten konnte.

Die Gaben der Gesellschaft beschränkten sich jedoch nicht auf Schmuck, Ehre und Anerkennung.

Wir führten bereits Mendieta an [140a], der hervorhebt, daß wer Krieger war, sich auch um seine Ernährung keine Sorgen mehr zu machen brauchte. Und dem Krieger, der die Leute zur kannibalischen Mahlzeit einlud[141], so erfahren wir bei Pomar, schenkte „man Decken (die Geldwert hatten; M. E.), Hemden, kostbare Federn, Edelsteine, Sklaven, Mais, Lippenpflöcke, Ohrgehänge, Schilde und Kriegerkleidung . . ."[142]. An einem anderen Ort erwähnt Pomar noch, daß man Wert darauf legte, das Erbe und andere Güter durch kriegerische Taten zu erwerben[143]. Diese Geschenke bezeugten, daß die Gesellschaft bereit war, für den erfolgreichen Krieger zu sorgen. Der Erfolg im Krieg stiftete also ein *wirtschaftliches* Verhältnis. Dafür, daß der Krieger sein Leben aufs Spiel setzte, gewährte ihm die Gesellschaft wirtschaftliche Sicherheit, und sie benützte das, um ihn zum Kämpfen anzuspornen. „Auf, Ihr Mexikaner, rüstet Euch, denn jetzt kommen großer Ruhm, Reichtum, viele Sklaven für Euch und viele Ländereien auf Euch zu!"[144].

Was die Gesellschaft von den Individuen, die ihre Vorbildlichkeit erwiesen hatten, erwartete, wird deutlich aus einem Brief Zoritas, in welchem er über die Verhältnisse in Michoacán, die zwar einfacher, aber doch im Wesentlichen denjenigen in Tenóchtitlan und den anderen großen Städten ähnlich waren, folgendes berichtet: „Die Häuptlinge (caciques),

---
140 Ramírez (1878): 133
140a Seite 70
141 Conquistador anónimo (1858): 371
142 Pomar (1964): 165/73
143 Pomar (1964): 171/85
144 Tezozómoc (1878): XXII/ S. 291

hohen Herren (señores) und Verwalter (governadores) pflegen das Jahr hindurch Feste zu geben, zu welchen sie die Häuptlinge und Verwalter der anderen Dörfer einladen und ihnen Decken und Geschenke geben, und ebenso werden die Bauersleute (macehuales) ihrer eigenen Dörfer beschenkt, denn wenn sie das nicht tun, so werden sie von ihren Untertanen nicht geschätzt und ihren Befehlen wird nicht Folge geleistet. Die Indianer sind so, daß die Häuptlinge und hohen Herren sich bemühen, sie zufriedenzustellen..."[145]. Und Zorita klagt darüber, daß diese Führungsschicht sich nach der Eroberung durch die Spanier in solch desolaten Verhältnissen befinde, daß ihre Untergebenen nichts mehr für sie tun würden. Das herrschende Prinzip ist also das des ‚do ut des', der Gegenseitigkeit der Beziehungen und zwar sowohl innerhalb der Führungsschicht selber, als auch zwischen dieser Schicht und ihren Untergebenen. Wie aber sahen die Verhältnisse in den komplexeren Gesellschaften aus? Hatte sich diese Form der Reziprozität auch da erhalten? Mußten die Krieger die Geschenke, die sie für ihren Einsatz bekamen, ebenfalls als Ausdruck einer allgemeinen Verpflichtung (im Sinne Marcel Mauss' ‚prestation totale') betrachten?

Die alten Chronisten überlieferten uns die Zeremonien, die bei der Einsetzung des tetecutin, des höheren Beamten, in Tlaxcalla, Cholula, Huexotzingo[146], also in den größeren Städten, üblich waren. Muñoz Camargo schreibt, daß die Männer, die sich im Kriege ausgezeichnet hatten und zu einem Amt ausersehen worden waren, zuerst einmal vierzig bis sechzig Tage in einem Tempel eingesperrt wurden, wo sie fasten und in völliger Abgeschiedenheit leben mußten[147]. Mendieta, der sich auf ähnliche Quellen wie Muñoz Camargo stützt, ergänzt das noch durch die Feststellung, daß man den Anwärter, außer für kurze Augenblicke, nicht schlafen ließ. Man stach ihn mit Dornen und weckte ihn mit den Worten: „Wach auf, denn du mußt auf deine Untergebenen achtgeben. Du übernimmst dein Amt nicht, um zu schlafen, sondern um aufzupassen". Mendieta erwähnt auch, daß während der Zeit, da sie sich im Tempel aufhielten, die Eltern oder Verwandten alles bereit stellen mußten, was man den anderen Herren, Verwandten und Freunden schenken wollte. Hatte man nicht das Notwendige zusammen, so mußte der Prüfling weiterhin im Tempel bleiben[148]. Man fing deshalb schon zwei bis drei Jahre vor dem mutmaßlichen Datum der Einsetzungsfeier zu sparen an[149]. Als Geschenke zählen die beiden Autoren auf: Kleider (gemeint waren vermutlich Decken), Sklaven, Gold, Edelsteine, Schilde, Pfeile und Bogen. War es dann endlich so weit, so wurden Grenznachbarn, Freunde und Verwandte eingeladen. Viel Volk gesellte sich hinzu. Man führte die Novizen zum Haupttempel, wo man ihnen lange Reden hielt über das, was sie von nun an zu tun hätten, und wo sie auch mit Stößen und Schimpfworten gedemütigt wurden. Schließlich übergab man ihnen ihre Waffen und führte sie in feierlichem Zug in ihr Haus zurück[150].

---

145 Zorita (1909): 408; vgl. ebenso Relacion (1903): 43, 67
146 Borah (1963): 76; Einwohnerschaft von Tlaxcalla: 165 000, Cholula: 357 000, Huexotzinco: 26 200 Einwohner
147 Muñoz-Camargo (1892): 45
148 Mendieta: II/XXXIX/ S. 158
149 op. Cit.: XXXVIII/ S. 156
150 Muñoz Camargo (1892): 45—46

Es fanden eine ganze Reihe von "Banketten" statt, und zwar einmal, wenn der Anwärter in den Tempel einzog[151], dann, wenn er sich zum Fasten zurückzog[152], ein drittes Mal, wenn das Datum der Feier genau festgelegt war und schließlich ein viertes Mal beim Abschluß aller Zeremonien[153]. Diese Essen boten dem Gastgeber Gelegenheit, seinen Gästen reiche Geschenke zu machen, und zwar je nach dessen Rang. Der "Fürst", der höchste Anführer also, bekam nach Mendieta zum Beispiel ein großes Zelt, das den ungefähren Wert zweier Sklaven hatte, dazu ein kleineres Zelt, kostbare Decken und Schmucksachen. Auch die Begleiter empfingen Gaben und am letzten Tag wurden noch die Dienstleute, Günstlinge und Handwerker ebenfalls beschenkt[154].

Wir können aus diesen Beschreibungen ersehen, daß die Geschenke, die der Krieger als Belohnung für seine Tapferkeit erhielt, nicht bei ihm blieben. Wollte er zur herrschenden Schicht gehören, so mußte er sich in sie einkaufen. War er aber einmal drin, so wurde er in den Geschenkzyklus miteinbezogen. Muñoz Camargo beschreibt das so: der Anwärter ging mit seinem Zug "von Haus zu Haus dieser tecuhtles und beschenkte sie: ... und das Gleiche tat man mit ihnen, wenn sie selber tecuhtli geworden waren"[155]. Vergleicht man die obigen Zitate mit dem, was wir über Michoacán erfahren, läßt sich sagen, daß, zumindest was die Oberschicht angeht, ähnliche Verhältnisse herrschten. Großzügigkeit war ein Verhalten, das man von dem erwartete, der Prestige haben wollte. Nach dem, was wir über die Beziehungen zwischen Religion und Wirtschaft gehört haben, überrascht uns das nicht: wer reich war, der stand ja offensichtlich in der Gunst der Gottheit und hatte etwas geleistet. Reichtum war hier nicht Selbstzweck, sondern lediglich Zeuge für die Kraft, die virtù, die man besaß. Für die Mexikaner war der Reichtum nur interessant in seiner Eigenschaft als Botschaft, die ihre Leistungen verkünden sollte[156]. Adressat dieser Botschaft scheint in erster Linie der Adel selbst gewesen zu sein; das Volk tritt in diesen Berichten nur am Rande auf. Hatte der tecuhtli keine wirtschaftlichen Verpflichtungen gegenüber dem Volk?

Für Tenóchlitlan selber läßt sich eine Stelle über die großen Jahresfeste anführen. Dort heißt es: "Das achte Fest war das "große Herrenfest". Und bevor das Fest begann, fand eine große Speisung statt. Alle Armen kamen zusammen, aus Mexiko und aus den Dörfern"[157]. Es herrschte bei der Verteilung der Lebensmittel jeweils ein großes Gedränge: "Obwohl man sie schlägt, sie auf den Kopf schlägt, machen sie sich nach den Leuten (die das Essen verteilen; M. E.) hin eine Bahn. ... Und das geschah sieben Tage lang, daß überall gespeist wurde. Und dies geschah so: Der König hatte Mitleid mit ... dem armen Volk, weil große Hungersnot herrschte, indem der Mais sehr teuer war, und man dann große Not litt, und dann großes Sterben bei uns herrschte"[158]. Im Codex Vaticanus 3738 wird Ähnliches, aber vom vorangegangenen Fest berichtet: die "Herren" würden

---

151 Ternaux-Compans (1837—41): Bd. X: 236
152 op. cit.: 237
153 op. cit.: 240
154 Mendieta: II/XXXIX/ S. 159—160
155 Muñoz-Camargo (1892): 46
156 Poirier (1968): 4 „. . . l'acte économique est le vecteur d'un message social".
157 Seler (1927): 138
158 op. cit.: 141

dem ganzen Volk zu essen und zu trinken geben[159]. Von Ahuitzotl (1486—1502) erzählt der Verfasser des Codex Ramírez, dieser sei ein Freund guter Taten gewesen, er habe die Krieger reich beschenkt und wenn die Tribute in Tenóchtitlan eingingen, so ging er, die Seinen und das Volk den Trägern entgegen, und dann habe Ahuitzotl alle Tribute verteilt, die Armen kleidete er und gab ihnen reichlich zu essen; die tapferen ‚Offiziere' (capitanes) und Soldaten beschenkte er für ihre Taten im Kriege. So zog er in die Stadt ein und ließ alle Tribute auf dem Wege zurück[160].

Wir können aus diesen Stellen ersehen, was der Adel einerseits und was das Volk andererseits vom vorbildlichen Individuum wirtschaftlich erwartete. Es mögen vielleicht Bedenken auftauchen, daß die als Nachweis angeführten Stellen sich nur auf den Herrscher, nicht aber auf das vorbildliche Individuum bezogen. Wir werden aber weiter unten sehen, daß der Herrscher ebenfalls am Maßstab des Vorbildlichen gemessen wurde. Hier sei nun festgehalten, daß das vorbildliche Individuum damit rechnen konnte, von der Gesellschaft wirtschaftlich sichergestellt zu werden; und die Gesellschaft ihrerseits zählte darauf, daß wenigstens ein Teil der Güter wieder — in Form von Geschenken und Gastmählern — zu ihr zurückfließen würde. Mit anderen Worten: das Verhältnis von vorbildlichem Individuum und Gesellschaft war durch ein gewisses Gleichgewicht der Beziehungen, durch Reziprozität charakterisiert. Es war demnach nicht so, daß das Volk nur Tribute zu leisten hatte, über die die herrschende Schicht, bzw. der Herrscher allein hätte verfügen können[161]. Gerade dadurch unterschied sich ja die Herrschaft der Spanier mit ihrer willkürlichen Festsetzung und Verfügung der Abgaben von der autochthonen Gesellschaft.

Im Zusammenhang mit diesem auf Reziprozität beruhenden Verhältnis müssen wir eine Überlieferung beachten, die auf einen Bruch in diesem Verhältnis hinweist und die auch die politischen Beziehungen zwischen dem vorbildlichen Individuum und der Gesellschaft deutlicher zum Vorschein kommen läßt.

1.2.4.1. Der politische Aspekt von Verhaltenserwartung und Verhaltensreaktion: Die Kontrolle der Macht

Im Codex Ramírez finden wir eine Art Gesellschaftsvertrag überliefert, der die Stellung der Krieger in der Gesellschaft legitimierte. Zur Zeit Itzcoatls, (1427—1440) standen die Azteken in Abhängigkeit von den Tepaneken. Diese hatten sogar den Vorgänger von Itzcoatl, Chimalpopoca, umgebracht und gingen mit ihren Tributforderungen immer mehr in die Höhe. Die Azteken mußten sich deshalb entscheiden, ob sie sich den Tepaneken völlig unterwerfen oder ob sie rebellieren sollten. Itzcoatl beschloß, Krieg zu führen, aber das Volk bekam Angst „da es den Sieg für unmöglich hielt"[162] und neigte eher dazu, seine Unabhängigkeit ganz aufzugeben. Schon hatte sich das Volk aufgemacht, Huitzilopochtlis Abbild als Zeichen der Unterwerfung nach Azcapotzalco, dem Sitz der Tepaneken, zu bringen, als Tlacaellel, ein Verwandter des Königs, es dazu brachte abzuwarten, bis er nochmals mit den Tepaneken gesprochen hatte, in einem letzten

---
159 Codex Vaticanus 3738: fol. 45 v
160 Codex Ramírez: 70
161 Katz (1956): 103
162 Codex Ramírez (1878): 46

Versuch, die Unabhängigkeit zu wahren. Aber die Tepaneken waren zu keinen Kompromissen bereit. Itzcoatl bestand nun auf dem Krieg und sprach zum Volk: „Fürchtet nichts, ihr meine Kinder, wir (das heißt: der König und seine Krieger; M. E.) werden eure Freiheit verteidigen, ohne daß euch irgend ein Übel zustoßen wird." Das Volk erwiderte: „Und wenn ihr nicht als Sieger hervorgeht — was wird dann mit uns geschehen?" Der König antwortete: „Wenn wir mit unseren Absichten keinen Erfolg haben, legen wir uns ganz in eure Hände, damit unser Fleisch euer Unterhalt werde (para que nuestras carnes séan mantenimiento vuestro)." Das Volk nahm an und versprach seinerseits: „Wenn ihr siegreich aus dem Kampf hervorgeht, so verpflichten wir uns, euch zu bedienen, eure Träger zu sein, eure Häuser zu bauen, euch mit Vätern und Kindern wie unseren tatsächlichen Herrn zu dienen.... Schließlich verkaufen wir unsere Personen und Güter und ordnen (subjetamos) sie eurem Dienst für immer unter"[163]. Tezozómoc, der diesen Vertrag ebenfalls erwähnt, überliefert noch folgende Einzelheiten: das Volk werde im Falle einer Niederlage die Krieger töten und ihnen nicht zur Flucht verhelfen; siegen sie aber, so sollen die Angehörigen des Volkes „nie zu Führern (principales) gemacht und nur als ‚macehuales'[164], als Vasallen, betrachtet werden. Die Alten (des Volkes) antworteten darauf: ‚... es wird dann unser Wille sein, daß wir dem Mann, der sich am stärksten ... im Krieg auszeichnen würde, als Preis unsere Töchter, Enkelinnen und Nichten gewähren werden ... (so daß) er bei sich zwei, drei, oder vier Frauen halten könnte, und wenn er sich ganz außerordentlich hervortäte ... so dürfe er für sich fünf, sechs, acht oder zehn Frauen, wieviel er nur versorgen kann, haben. Und wir fügen hinzu, daß wir jenen tapferen Männern, die dank ihrem Mut Sklaven aus dem Krieg heimbringen, von da an die Waffen und ... den für den Feldzug nötigen Proviant tragen werden. Und kommen sie siegreich ... zurück, so werden wir euch mit großem Pomp ... empfangen ...' "[165]. Dazu versprechen sie noch allgemeine Dienste: Besorgung von Essen, Reinigung, etc.

Dieser Pakt zwischen den Kriegern und dem ‚gewöhnlichen' Volk entsprach in mancher Hinsicht dem politischen Denken der Mexikaner. Durán erzählt zum Beispiel eine Episode aus dem Feldzug Motecuhzomas Ilhuicaminas (1440—1469) nach Cuextaxtlán, einem Stadtstaat, der die Tribute verweigert hatte und nun bestraft werden sollte. Die Azteken schlugen sie vernichtend und die Krieger, die übrig blieben, flohen. Als die Azteken dann mit einer grausigen Schlächterei der Bevölkerung anfingen, wandten sich die ‚macehuales' an die Sieger, um dem Töten Einhalt zu gebieten: „Warum tötet ihr denn uns? Was für eine Schuld haben denn diese einfachen und unwissenden Leute, bar jeder Bosheit und Absicht? Weshalb rächt ihr euch an uns, die wir euch weder beleidigt noch beschimpft haben und laßt diese verfluchten Diebe von Anführern und Herren, die uns den Tod bringen, leben? Geben wir euch nicht unsere Tribute? Tun sie es vielleicht? Entsteht nicht alles durch unsere Arbeit und

---

163 op. cit.: 50
164 nach Siméon (1963): Vassall, homme du peuple, paysan, sujet. Soustelle (1956): 98; weist darauf hin, daß dieses Wort mit der Zeit eine pejorative Bedeutung bekam, im Sinne von „gewöhnlich", „ordinär", „ungeschlacht".
165 Tezozómoc (1878): VII/243—244

unseren Schweiß? ..."[166]. Und tatsächlich unterbrachen die Mexikaner das Töten und hörten sich die Bitten der Unterlegenen an: „Was wir wollen ist die Bestrafung unserer Herrn; sie sollen getötet ... werden, denn sie sind die Ursache unserer Übel"[167]. Interessanterweise zeigten die Azteken nun gewisse Skrupel; es schien ihnen, daß auch die feindlichen Adeligen und Krieger eben doch Adelige und Krieger und keine gemeinen Verbrecher waren, aber schließlich gaben sie den Forderungen des Volkes nach und ließen sie hinrichten[168].

Wir können aus diesen Berichten also ersehen, daß Erfolglosigkeit des Anführers als Grund galt, das Herrschaftsverhältnis aufzulösen. Hätten die aztekischen Krieger den Kampf gegen die Tepaneken nicht siegreich bestanden, so wäre ihnen vermutlich das gleiche Schicksal widerfahren wie dem Adel von Cuextaxtlán. Da sie aber den Sieg errangen, wurde er ihnen zur Legitimitätsgrundlage eines Herrschaftsverhältnisses, worin das Prinzip der Reziprozität zwar nicht völlig aufgehoben wurde, aber doch eine nicht unbeträchtliche Einschränkung erfahren mußte. Die Reziprozität war insofern weiterhin gültig, als der Vertrag ja auch die Leistungen, die die Krieger zu erbringen hatten, bestimmte: Sie mußten siegen, und nur dann waren die ‚macehuales' verpflichtet, den Kriegern mit ihren Diensten zur Verfügung zu stehen und ihnen ihre Frauen abzugeben. Hingegen war die Reziprozität eingeschränkt worden dadurch, daß die ‚macehuales' den Kriegern eine Art Blankovollmacht gaben, die ihnen selber geradezu unbeschränkte Pflichten auferlegte, während die Krieger nur die eine Pflicht zu siegen erfüllen mußten.

Welche Bedeutung hat nun dieser Gesellschaftsvertrag? Er begründet die Teilung der Gesellschaft in Herrschende und Beherrschte, wobei wir hier schon fast Max Webers Begriff der Herrschaft (vgl. S. 36 ff) verwenden dürfen, der die Unsymmetrie, bzw. die fehlende Reziprozität im Verhältnis zwischen Befehlenden und Gehorchenden besonders hervorhebt. Aber wir sagten nur: wir könnten diese Terminologie *fast* verwenden, weil wir der Ansicht sind, der Zwang und die ihn durchsetzenden Institutionen, womit Max Weber den Idealtypus der Herrschaft charakterisierte, seien auch in diesem Vertrag noch nicht derart bestimmend, daß das Reziprozitätsverhältnis zerbrochen worden wäre. Aber dieser Vertrag stellt doch einen wesentlichen Schritt in Richtung auf die absolute Herrschaft hin dar.

Es mögen sich an dieser Stelle gewisse Bedenken anmelden, ob dieser Vertrag tatsächlich ein historisches Ereignis darstellt. Radin z. B. bezeichnet den Codex Ramírez als ein „politisches Pamphlet (geschrieben) im Interesse von Mexiko-Tenóchtitlan"[169]. Sollte dieser Vertrag also vielleicht nichts anderes als eine erdachte und womöglich erst nachträglich gesetzte Begründung für die Kriegerherrschaft sein? Über solche Zweifel können wir uns hier hinwegsetzen, da in dem Zusammenhang, den wir eben untersuchen, uns speziell das interessiert, was die Azteken *dachten*, und wie sie ihr Handeln motivierten. Und es ist sicher, daß dieser Vertrag nicht eine Einfügung aus christlicher Zeit ist, sondern dem politischen Denken der Mexikaner voll entspricht.

---

166 Durán (1867): Bd. I: XXIV/ S. 203–204
167 op. cit.: 204
168 op. cit.: 206; Mendieta (1870): II/XXVII/ S. 131 bezeichnet dieses Verhalten als allgemein üblich.
169 Radin (1920): 29

So können wir aus diesem Vertrag die politischen Momente dessen, was wir Verhaltenserwartung und Verhaltensreaktion nannten, entnehmen. Vom vorbildlichen Individuum erwartete die Gesellschaft den kriegerischen Erfolg. Wir hatten bisher nur die mythisch-religiösen Begründungen kennengelernt. Der eben besprochene Vertrag zeigte uns seine historische Begründung, und zwar diejenige, welche die Azteken konstruierten, und wir stellen fest, daß diese historische Begründung in keinerlei Widerspruch zur religiösen stand. Im Gegenteil: wie wir bereits aus dem Mythos über den Ursprung des Krieges ersahen, formulierte bereits er den Zusammenhang zwischen Herrschaft, Tribut, Krieg und Opfer (vgl. S. 71). Aus dem Vertrag ergab sich auch nichts anderes. Und ebenso wie der Mythos, bestimmte der Vertrag die Reaktion der Gesellschaft auf die Vorbildlichkeit des Individuums: sie erkannte die Vorrechte des Kriegers an, und das kam in zwei Akten zum Ausdruck: wirtschaftlich durch die ihm dargebrachten Geschenke, politisch durch den Gehorsam, den die Gesellschaft zu leisten bereit war.

2. DAS OBJEKTIVE MOMENT: DAS PRESTIGE ZWISCHEN DEN KONSENS- UND GEWALTSTRUKTUREN DER AZTEKISCHEN GESELLSCHAFT

2.1 DIE DEN AZTEKEN BEWUSSTE FUNKTION DES PRESTIGES: LEGITIMATION DER HERRSCHAFT

In diesem Kapitel tritt die Funktion des Prestiges in den Vordergrund, aber nur soweit als sie sich mit dem Sinn des Prestiges im Bewußtsein der Krieger deckt. Wir können auf das bisher Gesagte verweisen, woraus hervorging, daß den Mexikanern der Zusammenhang des Prestiges mit der Herrschaft bewußt war: Wer Prestige hatte, besaß auch Autorität und bekam einen Platz in der Hierarchie der Herrschaft zugewiesen. Die legitimierende Funktion des Prestiges war somit bekannt und diente als sinngebendes Moment für das Handeln. Wer nach Macht strebte, wußte ja, daß er sich an den Prestige-Werten orientieren mußte.

Die Analyse dieser legitimierenden Funktion legt uns nahe, zwischen einem materialen und einem formalen oder strukturalen Aspekt zu unterscheiden. Was das erstere angeht, so haben wir in den vorangegangenen Kapiteln ausführlich die gesellschaftlichen Ziele und Vorbilder, die mit dem Prestige verknüpft waren, dargestellt. Nun möchten wir uns der formalen Seite zuwenden und die Mechanismen untersuchen, welche die legitimierende Funktion des Prestiges ermöglichen. Wir werden dabei so vorgehen, daß wir zuerst die Herrschaftsform näher betrachten wollen, um sodann die Wirkungsweise des Prestiges zu bestimmen.

2.1.1. Die Herrschaft und ihre Kontrolle durch die Beherrschten

Sahagún berichtet, daß man nach dem Tode eines Herrschers einen neuen wählte, der in der Regel aus dem gleichen Geschlecht stammte, wie die vorausgegangenen. Er „sollte ein tapferer Mann sein, geübt im Krieg, wagemutig und kein Weintrinker, vorsichtig und klug, im Calmécac[1] erzogen,

---

[1] Vgl. Soustelle (1957): 208 ff, über den Calmécac, die Schule, in der die Kinder der Würdenträger und einiger anderer auserwählter Familien erzogen wurden.

ein guter Redner..."². In einem ebenfalls von Sahagún überlieferten Gebet an Tezcatlipoca, das anläßlich der Wahl eines neuen Herrschers gesprochen wurde, lesen wir: „... heute ist uns ein neues Licht erschienen, ist uns eine hell leuchtende Fackel gegeben worden, die über unser Volk herrschen und auf sich die Mühen und Geschäfte unserer Republik nehmen wird. Es wird ein Abbild und Stellvertreter der Herren (...) sein, die schon durch dieses Leben gegangen sind und sich mühten, die Sorgen dieses Volkes zu tragen. Sie kamen, Euren (Tezcatlipocas) Thron (...) in Besitz zu nehmen... und besaßen ihn in Eurem Namen und Person einige wenige Tage...."³ „Und nun sind wir verwundert, wie Ihr Eure Augen auf diesen groben (rustical) und ungebildeten Mann richtet, damit er während einiger Tage... die Herrschaft in Eurer Republik, Volk, Provinz oder Königtum übernehme. ... War es bloß ein Irrtum oder nur Unkenntnis oder setztet Ihr ihn nur ein, um (inzwischen) Ausschau zu halten, nach einem, der es besser machen wird als dieser grobe, unkluge und unachtsame Mann ohne Vorteile...? (...) Macht, o Herr, ihn zu Eurem Ebenbild und erlaubt nicht, daß er auf Eurem Thron hochmütig... werde, sondern haltet ihn an, daß er ruhig und vernünftig jene beherrsche, die ihm untertan sind... und erlaubt nicht, daß er ihnen schade oder ohne Grund jemanden verliere (...) Aber sollte das der Fall sein, so befehlt, daß man ihn verabscheue... und daß er im Krieg in den Händen seiner Feinde sterbe und zum Haus der Sonne gelange, wo er wie ein Edelstein aufbewahrt würde..., was um Vieles besser wäre, als verachtet und entehrt auf dieser Erde zu leben..."⁴.

Betrachtet man diesen Text, so fällt einem auf, daß sehr deutlich zwischen dem *Amt* und der *Person* des Herrschers unterschieden wurde. Dabei erschien das Amt als etwas Göttliches, nämlich Eigentum Tezcatlipocas, das nur zeitweilig von einem Menschen in Besitz genommen werden konnte. Die Person des Herrschers hingegen wurde in all ihren menschlichen Schwächen dargestellt, kleinmütig, erbärmlich und eigentlich unfähig, das hohe Amt auszufüllen. Diese Zweiteilung deutet auf eine interessante Grenze des Prestige-Prinzips hin. Maßgebend für das Prestige war ja der Erfolg — nur der Erfolgreiche konnte Anspruch haben auf Prestige. Indem aber das Amt von der Person getrennt und seine Übernahme auf den Willen der Gottheit zurückgeführt wurde, entfiel der Leistungsnachweis. So konnte auch ein Unfähiger Herrscher werden, und niemand — außer dem Gott — durfte sich anmaßen, ihn abzusetzen. Seine Untertanen konnten ihn zwar hassen und ihm alles Böse wünschen — er blieb im Amt bis der Gott ihn abberief. Die Herrschaft scheint auf diese Weise vom Prestige-Prinzip unberührt geblieben zu sein. Bevor wir aber diesen Schluß endgültig ziehen, müssen wir diese Texte, die ja Gebete, also Ideologie sind, vorerst einmal mit der gesellschaftlichen Realität konfrontieren.

---

2 Sahagún (1956): VI/XVII/S. 321 ff. An der Wahl beteiligte sich nicht das ganze Volk, sondern nur die tecutlatoque (Sahagún übersetzt diesen Ausdruck mit „senador"; nach Siméon handelt es sich hier um die dreizehn höchsten Richter), die Dorfältesten, achcacauhtin, die Anführer und Kriegsveteranen, yastecuinaque, und die tlenamaczque oder papauaques, Amtsträger, deren Funktion mir nicht ganz ersichtlich ist.
3 Sahagún (1956): VI/XVIII/2/S. 321
4 Sahagún (1956): VI/IV/S. 66 ff. Daß dieses Gebet nicht nur anläßlich der Einsetzung der „Statthalter" der mexikanischen Herrscher, sondern auch bei deren eigener Inthronisation gesprochen wurde, geht aus dem anschließenden Gebet hervor, vgl. op. cit.: VI/V/5—6/S. 69—70.

Von Motecuhzoma I (1440—1469) berichtet der Codex Ramírez, daß er die Sitte eingeführt habe, der Herrscher solle bei seinem Krönungsfest Kriegsgefangene opfern[5]. Das heißt also, daß der Herrscher sich wie irgend ein anderer Krieger, ebenfalls zuerst im Kampf bewährt haben sollte, bevor er sein Amt übernahm. Bezeichnenderweise war mit der Opferung auch ein großes Fest verbunden, in welchem das Volk reich beschenkt wurde, wohl um auf diese Weise zu zeigen, daß der Herrscher mächtig genug war, dessen Wohlfahrt zu sichern. Nicht umsonst war dann auch die Krone, die der Gott des Überflusses trug, ein Attribut des Herrschers[6]. Motecuhzoma also mußte den Leistungsnachweis erbringen; die Herrscherwürde schützte ihn nicht davor.

Aber die Geltung des Prestige-Prinzips für die Herrschaft geht womöglich noch deutlicher aus der Geschichte zweier glückloser Herrscher hervor, denen es nicht gelang, ihre virtù, ihre Erfolgsfähigkeit, zu beweisen: Tizoc (1481—1486) und Motecuhzoma II. (1502—1520). Über Tizoc heißt es im Codex Ramírez, daß er im Krieg, den er zu führen hatte, um gekrönt zu werden, mehr Leute verlor als er gefangennehmen konnte[7]. Obzwar die Mexikaner über diesen Mißerfolg unzufrieden waren, setzten sie ihn als Herrscher ein. Als er aber innerhalb von vier weiteren Jahren keine Neigung zur Kriegführung zeigte, „halfen ihm die Mexikaner mit Gift zu sterben"[8]. Motecuhzoma scheiterte, als er nicht über die Spanier Herr werden konnte. Vorher aber war er erfolgreich gewesen und genoß auch große Hochachtung bei seinem Volk. Nachdem es jedoch den Spaniern gelungen war, ihn gefangen zu nehmen, verlor er zunehmend an Achtung. Der Tiefpunkt war erreicht, als Motecuhzoma nach dem großen Gemetzel, das die Spanier unter dem Adel anrichteten, statt zum Widerstand aufzurufen, das Volk zu beruhigen versuchte. Quauhtemoc, sein späterer Nachfolger, soll ihm da zugerufen haben: „Was sagt dieser schurkische Motecuhzoma, der ein Weib der Spanier ist? Denn man kann ihn so nennen, da er in weibischem Geist sich ihnen ergab ... Wir wollen ihm nicht mehr folgen, da er nicht mehr unser König ist, und wir werden ihn als einen niederträchtigen Mann zu bestrafen haben"[9]. Es ist hier also keine Rede davon, schicksalhaft die Unfähigkeit des Herrschers zu ertragen, bis sich die Gottheit schließlich erbarmt — vielmehr wird der Herrscher von seinen Untertanen abgesetzt.

Die Gegenüberstellung des anfangs zitierten Gebetes mit Ereignissen aus der aztekischen Geschichte ergibt somit, daß in jenem Gebet wohl mehr die Wünsche der Herrschenden als die noch gültigen Vorstellungen über die Legitimität der Herrschaft zum Ausdruck kamen. Und doch scheint die Infragestellung des für das Prestige charakteristischen Leistungsprinzips durch die Idee der göttlichen Gnadenwahl des Herrschers keine zufällige zu sein. Sieht man sie zusammen mit der Ambiguität der Gefühle gegenüber dem Prestige (vgl. S. 52 ff), ebenso wie mit dem Vorhandensein eigentlich antagonistischer Vorbilder (vgl. S. 61) und der stärkeren Zuwendung zur Gottheit (vgl. S. 63), dann kann man sich nicht der Hypothese

---

5 Codex Ramírez (1878): 63. Diese Sitte scheint recht weit verbreitet gewesen zu sein. Vgl. Román y Zamora (1897): I/XVII/S. 245 über die Indianer Guatemalas.
6 So im Codex Telleriano-Remensis.
7 Codex Ramírez (1878): 67
8 ebenda
9 op. cit.: 81

versagen, daß es sich hier um Entwicklungstendenzen handelte, die auf eine Umwertung der die Herrschaft legitimierenden Werte zielten. Sobald wir einen weiteren Überblick über die Verhältnisse gewonnen haben, werden wir uns wieder dieser Fragestellung zuwenden.

Das Problem, das wir zum Ausgangspunkt genommen hatten, war der Mechanismus, der die legitimierende Funktion des Prestiges ermöglichte. Welche Bedeutung hatte nun die Trennung zwischen Amt und Person des Herrschers? Sie erwies sich als eine Voraussetzung dafür, daß das Prestige die Legitimitätsgrundlage der Herrschaft abgeben konnte. Dank dieser Zweiteilung konnte die Rolle des Herrschers (und das heißt: die Erwartungen der Beherrschten) definiert werden und erst in diesem Augenblick konnte das Prestige seine Funktion sinnvoll erfüllen und als Nachweis dafür dienen, daß das erfolgreiche Individuum den Erwartungen der Gesellschaft zu entsprechen, also seinem Amt zu genügen vermochte.

Weiter sahen wir, daß die göttliche Gnadenwahl des Herrschers das Prestige-Prinzip außer Kraft gesetzt hatte. Betrachtet man den Grund, weshalb die Vorstellung, der Herrscher sei von der Gottheit auserwählt und nur von ihr absetzbar, das Prestigeprinzip aufhob, so erkennt man eine weitere wichtige Bedingung für die Funktion des Prestiges: Jene Vorstellung baute die Gegenseitigkeit im Verhältnis zwischen Herrscher und Beherrschten bis auf ein Mindestmaß ab. Der Herrscher, der ja nur von der Gottheit zur Rechenschaft gezogen werden konnte, war auf diese Weise jeder Kontrolle enthoben. Kontrolle aber heißt, daß auch die Beherrschten Machtmittel besitzen, mit welchen sie nun ihrerseits auf den Herrscher Druck ausüben können. Kontrolle ist also nur dort möglich, wo die Macht so verteilt ist, daß Herrscher und Beherrschte gegenseitig Einfluß aufeinander nehmen können. Prestige ist engstens mit dieser Kontrollmöglichkeit verbunden — fällt sie weg, so wird das Prestige-Prinzip unwirksam.

2.1.1.1. Herrschaft und Gegenseitigkeit im Kulturwandel

Auf das Problem der Gegenseitigkeit kamen wir schon einmal zu sprechen, als wir (auf S. 76) den Vertrag Itzcoatls behandelten. Er hielt fest, daß die Herrschaft der Krieger nur so lange anerkannt werden würde, als sie erfolgreich blieben. In einzelnen Bereichen (z. B. in der Verteilung der Güter) wurde das Prinzip der Gegenseitigkeit zu Gunsten der Krieger aufgehoben. Im Rahmen des Ganzen aber behielten sich die Beherrschten das Widerstandsrecht und d. h. das Kontrollrecht über die Herrscher vor. Wie sahen nun die Verhältnisse vor diesem Vertrag aus? Während der *Wanderungszeit* (etwa 12. Jh.—Mitte 14. Jh.) bildete der Calpulli die weitgehend autonome Einheit des Stammes, der sich aus sieben solchen Einheiten zusammensetzte[10]. Die Selbständigkeit der Calpulli geht schon aus ihren Aufgaben hervor: Aufbewahrung des Proviants und Sicherung des Besitzes und der Gottheiten[11]. Durch Wahlen wurden die Anführer bestimmt, die alle zusammen den Rat ausmachten, welcher die Stammesangelegenheiten regelte[12]. Diesem fehlten aber alle wirtschaftlichen und politischen Mittel, um seine Entschlüsse „auch gegen Widerstreben" durchzusetzen. War eine

---

10 Durán (1867): III/S. 20—21; Katz (1956); Zantwijk (1963): 199
11 Tezozómoc (1949): 24—25
12 Bandelier (1878): 580

größere Gruppe mit den Beschlüssen des Rates nicht einverstanden, so konnte es zu Abzweigungen kommen, und die Gruppen gingen ihre eigenen Wege[13]. Allerdings scheint es auch Führungskämpfe gegeben zu haben[14], die die egalitäre Stammesstruktur jedoch nicht grundlegend zu ändern vermochten. Die Autonomie der einzelnen Calpulli war so stark, daß Gefahr bestand, der ganze Stamm könnte sich auflösen oder doch so geschwächt werden, daß er eine leichte Beute seiner Feinde würde. Man war noch gar nicht lange Zeit in Tenóchtitlan ansässig, als schon wieder eine Gruppe Sezessionswünsche äußerte, und zwar weil sie sich bei der Aufteilung des Bodens benachteiligt fühlte. Es gab keine Möglichkeit, sie zufrieden zu stellen und so errichtete sie unweit von Tenóchtitlan ihre eigene Siedlung: Tlatelolco[15]. Zwischen den beiden Ortschaften gab es oft Spannungen, und das scheint der Anlaß gewesen zu sein, um mit Hilfe einer neuen Institution, ein Gegengewicht zu den auseinanderstrebenden Kräften zu schaffen. Durán überlieferte folgende Rede: „Meine Söhne und Brüder: ihr habt gesehen, wie unsere Brüder und Verwandte sich von uns trennten, nach Tlatelolco zogen und den Ort verließen, den unser Gott uns als Wohnplatz gab. Als undankbare Rebellen gingen sie fort. Ich fürchte . . ., daß sie eines Tages über uns herrschen möchten und selber sich einen König wählen werden . . . Bevor es aber soweit kommt, sollten wir den Vorteil wahrnehmen und einen König wählen, der sowohl sie wie uns beherrsche; und wenn ihr meint, daß er nicht aus unserer Gemeinschaft stammen, sondern von Außen kommen sollte, so liegt Azcaputzalco so nahe, und wir befinden uns ja auf deren Ländereien, oder er mag auch von Culhuacán oder von der Provinz Tezcuco stammhaft sein. Sprecht, Mexikaner, und sagt, was ihr dazu meint"[16]. Die Autonomie der Calpulli und die Funktion der Herrschaft kommen in dieser Episode sehr deutlich zum Ausdruck. Der Stammesführer, ‚König', sollte die zentrifugalen Kräfte ausgleichen und durfte er deshalb nicht direkt aus einem der Calpullis abstammen; er hätte ja dann selber Partei werden und den Stamm sprengen können. Eine Herrschaftsform, die aus einer solchen sozialen Struktur resultierte, hatte kaum Chancen, absolut zu werden. Das wurde dem neuen Herrscher auch deutlich gesagt: „Bedenke, daß du nicht hierher kamst, um dich auszuruhen oder zu vergnügen, sondern um die Mühsal einer Last auf dich zu nehmen, die dich immer bedrücken wird, bist du doch der Sklave jener Menge, die dir zuviel"[17]. Und jeder Calpulli wird vermutlich voller Mißtrauen darüber gewacht haben, daß keiner der anderen seine Machtposition ausbaute.

Der neue Herrscher hieß Acamapichtli (1375–1396). Es gelang zwar nicht, Tlatelolco, also den abgespaltenen Teil, wieder in die Gemeinschaft zurückzuführen (das brachte erst Axayacatl (1469–1481) zustande), aber er scheint mit viel Geschick sein Volk gelenkt und dessen Feinde abgewehrt zu haben.

Die inneren Verhältnisse, d. h. die Calpulli-Struktur, blieben sich mehr oder weniger gleich, bis die damals wohl mächtigste Stadt, Azcapotzalco,

---

13 Tezozómoc (1949): 24–25; Durán (1867): 21
14 Durán (1867): 22 ff
15 Durán (1867): V/S. 43
16 op. cit.: V/43–44
17 Ramírez (1878): 35

von den Mexikanern erobert und zerstört wurde (1433). Im Zusammenhang mit diesem Ereignis stand nun der Vertrag von Itzcoatl (vgl. S. 76 f). Erst durch ihn wurde jener Prozeß eingeleitet, der endlich zur Aufhebung der Calpulli-Struktur der aztekischen Gesellschaft und damit zur entscheidenden Verlagerung der Machtverhältnisse führte. Ausschlaggebend war dabei, daß durch diese Eroberung die Aristokratie die wirtschaftliche Basis für ihre Macht erhielt[18], nämlich Land, das den Unterlegenen gehört hatte, und das offenbar nicht mehr dem Eigentum der Calpulli einverleibt wurde. So aber konnten sich die Krieger als neue Klasse etablieren. Das kann man deutlich aus folgenden Stellen des Werkes von Durán entnehmen. Nach dem Sieg hielt Tlacaellel (zu seiner Person vgl. S. 76) eine Rede, in der er unter anderem sagte: „Itzcoatl, Euer König und Herr ... läßt Euch grüßen und sagt, daß er, um Euch seine Gnade zu erweisen und Euren Verdiensten gemäß zu ehren, Euch zu Herrn mit Titel machen und das eroberte Land unter Euch verteilen werde, damit Ihr aus den Erträgen den Unterhalt Eurer Gebiete und Personen beziehen könnt"[19]. Als erste bekam dann die Krone Land zugeteilt „für den Unterhalt der königlichen Familie sowie der Herren, die bei Hofe verkehrten, ferner für die Fremden, welche da Geschäfte tätigen mußten und für die Botschafter, die von außen kamen und altem Brauch gemäß am Hof ernährt wurden"[20]. Als nächster erhielt Tlacaellel Land, elf ‚Suertes', und nach ihm die bewährten Krieger, je eine, zwei oder drei ‚Suertes'[21].

Die Erträge aus diesen Ländereien ermöglichten dem Herrscher und seinen Kriegern, eine selbständige Politik zu führen, wenn auch die Calpulli-Organisation immer noch stark genug blieb, um die Herrschaft zu kontrollieren und in Schranken zu halten. Aber es war im Grunde genommen nur eine Frage der Zeit, wann die Krieger die wirtschaftliche Übermacht besitzen würden. Auf diesen Punkt werden wir noch zu sprechen kommen. Hier genügt es festzuhalten, daß durch diese Ereignisse die noch aus der Zeit der Wanderung stammenden Formen der Gegenseitigkeit von neuen allmählich abgelöst wurden.

Das Charakteristische an der neuen Form der Gegenseitigkeit war, daß sie sich in erster Linie auf den Kreis der Krieger — und zwar gleichgültig, aus welchem Calpulli sie stammten — beschränkte. In den Zeremonien anläßlich der Aufnahme des bewährten Kriegers in diesen Kreis (vgl. S. 74 ff) kam das sehr deutlich zum Ausdruck. Erst in zweiter Linie wurde dann auch ‚das Volk' (macehuales) miteinbezogen (vgl. S. 76), und das nur deshalb, weil Krieger und ‚Volk' als Eroberer und Beherrscher fremder Völkerschaften sich wenigstens im Verhältnis zu den Unterworfenen als Einheit verstanden.

Nun gilt es zu klären, welche Folgen diese Neubestimmung der Gegenseitigkeit nach sich zog. Durch die Konzentrierung der Gegenseitigkeit auf einen bestimmten gesellschaftlichen Teil wurde der Rest der Gesellschaft einmal rein negativ nivelliert: er hatte weniger Privilegien als der andere, und das bedeutete, daß die Symmetrie der Macht zerbrochen war. Kräfte, die dort gebunden gewesen waren, wurden frei. Solange nämlich die Grup-

---

18 Katz (1969): 270
19 Durán (1867): XI/S. 96
20 op. cit.: XI/S. 101
21 ebenda

pe auf Gegenseitigkeit aufgebaut gewesen war, war auch die Gewalt neutralisiert — es waren ja alle mehr oder weniger gleich stark, und wer sich benachteiligt gefühlt hatte, konnte sich einfach einer anderen Gruppe anschließen, oder sich mit Gleichgesinnten zu einer neuen formieren, um so die eigenen Vorstellungen zu realisieren. Aber stabile politische Strukturen konnten auf diese Weise, also mit Gewalt, nicht geschaffen werden — die Akkumulation der Macht war noch nicht weit genug fortgeschritten. Dann aber wurde es anders. Der Herrscher und die Adelsschicht verfügten über Machtmittel, die ihnen gestatteten, notfalls mit nackter Gewalt, sonst aber mit *legaler* Gewalt, ihren Willen durchzusetzen. Mit anderen Worten: die Veränderung der Gegenseitigkeitsverhältnisse integrierte die Gewalt in die Struktur der sozialen Beziehungen. Von nun an konnte gegenüber Gruppenangehörigen ,im Rahmen der Gesetze' Gewalt angewendet werden; der entscheidende Wandel zur früheren Zeit scheint uns darin zu liegen, daß sich der von der nunmehr legalen Gewalt Betroffene nicht dagegen wehren durfte. Denn der neuen Ordnung war es nicht mehr gemäß, ein Ausweichen in eine andere Gruppe, oder einen Abspaltungsversuch oder gar Selbsthilfe und eigenmächtiges Zurückschlagen zu gestatten. Ein kurzer Exkurs in den Bereich des aztekischen Rechts erlaubt, diesen Sachverhalt schärfer zu fassen.

EXKURS: DAS PROBLEM DER GEGENSEITIGKEIT IN DER AZTEKISCHEN RECHTSGESCHICHTE

Clavigero berichtet, daß der Mann, der seine Ehefrau wegen Ehebruchs tötete, zum Tode verurteilt wurde, sogar dann, wenn er sie dabei überraschte, und zwar ,,weil er so für sich die Rechtsprechung des Gerichts, dessen Aufgabe es war, die Straftaten zu kennen und die Missetäter zu verurteilen, usurpierte"[22]. Daß Selbsthilfe allgemein verboten war, wird zwar nirgends ausdrücklich gesagt, aber unseres Wissens überliefert keine der aztekischen Quellen irgend ein Beispiel erlaubter Selbsthilfe[23]. Dieses Fehlen scheint uns nicht zufällig, sondern aus den eben besprochenen sozialen Entwicklungen verstehbar zu sein.

Das Prinzip der Selbsthilfe (und damit auch der Blutrache) hängt nach unserer Meinung eng mit dem Prinzip der Gegenseitigkeit zusammen. In einer Gesellschaft, deren Grundstrukturen durch die Gegenseitigkeit bestimmt wurden, wird eine strafende Zentralinstanz fehlen und die Verfolgung des Missetäters den einzelnen Gruppen, also den eigentlichen Machthabern, überlassen bleiben. Dabei wird — dem Prinzip der Gegenseitigkeit entsprechend — die Reaktion auf eine Missetat darauf zielen, den vorherigen Gleichgewichtszustand wiederherzustellen, d. h. der Schaden wird ersetzt oder das Übel vergolten werden müssen. Die Frage nach dem Ausmaß der subjektiven Schuld steht bei dieser Rechtsmentalität eigentlich im Hintergrund; wesentlich ist vielmehr der angerichtete Schaden und seine Folgen[24]. Im Augenblick nun, da die sozialen Strukturen, die die Gegenseitigkeit gewährleisteten, sich ändern, und sich das Machtschwergewicht zugunsten einer Gruppe verschiebt, werden sich auch die Vorstellungen

---
22 Clavigero (1958): Buch VII, Kap. 17, S. 219, ebenso: Mendieta (1870): II/XXIX S. 136—37
23 vgl. auch: Wintzer (1930): 422—423
24 op. cit.: 424

über Recht und Unrecht, Schuld und Strafe wandeln müssen. Wir möchten uns hier der Ansicht Wintzers anschließen, daß dort, wo „die Zentralgewalt unter Zurückdrängung der Clangewalt die Strafgerichtsbarkeit an sich riß, ... in weitem Umfange der Vergeltungscharakter der Selbsthilfe dem Abschreckungscharakter eines staatlich durchgeführten Strafrechtes, dessen Zweck nicht Rache am Täter, sondern Schutz der Gesellschaft vor weiteren Straftaten war, wich (...)"[25]. Das aber bedeutete nichts anderes als die Aufhebung der Gegenseitigkeit: an die Stelle der Vergeltung, des ‚Zurückgebens', trat die Abschreckung, also ein — wenn man so sagen darf — einseitiger Akt. Diese Veränderungen lassen aber auch sehr deutlich die neue Funktion der Gewalt in der Gesellschaft in Erscheinung treten. Früher stieß die Anwendung von Gewalt auf Gegengewalt oder auf die Bereitschaft zur Unterwerfung oder aber sie verlor sich im Leeren, weil der Bedrohte sich zum Ausweichen entschlossen hatte; hinzu kam noch, daß Gewalt nicht so sehr Sache einzelner Individuen war, sondern eine Angelegenheit, welche die Gruppe, der die Individuen angehörten, als Ganze anging. In den neuen Verhältnissen aber war die Anwendung der Gewalt nur *einer* Instanz gestattet. Ihr gegenüber war kein Widerstand und kein Ausweichen erlaubt. Sie richtete sich in der Regel[26] nicht gegen eine Gruppe, sondern lediglich gegen den einzelnen Schuldigen. Wie Wintzer feststellt, spielte die Abschreckung eine wichtige Rolle; er meint zwar, daß diese Abschreckung zum Schutz der Gesellschaft diene, aber das scheint fraglich zu sein. Die Strenge der Strafen läßt eher vermuten, daß sie demonstrieren sollten, wer nun die Macht in Händen hielt; und die Häufigkeit der Todesstrafe möchten wir mehr als Ausdruck des Machtungleichgewichts in der aztekischen Gesellschaft denn als Volkserziehungsmittel betrachten. Die Todesstrafe bezeugte nämlich auf eindringliche Art und Weise, daß die Herrschaft zwar über das Leben der Individuen, diese aber nicht über die Herrschaft verfügten.

Man kann also — was ja nicht weiter überraschend ist — in den Rechtsverhältnissen ähnliche Entwicklungen wie in den sozialen beobachten. In ihnen kommt aber vielleicht deutlicher die neue Funktion der Gewalt zum Ausdruck, und vor allem die Komplementarität der Prozesse, die einerseits die Strukturen der Gegenseitigkeit abbauen und andererseits autoritäre Herrschaftsformen (nach dem Muster Herr — Knecht) aufbauen. Was uns hier besonders interessiert, ist die Rolle des Prestiges bei diesen Wandlungen und speziell bei der Integration der Gewalt in die sozialen Beziehungen.

2.1.1.2. Prestige und Gegenseitigkeit. Die konservierende und die verändernde Funktion der Herrschaft

Untersucht man das Prestige[26a] auf seine sozialen Voraussetzungen, etwa indem man fragt, unter welchen gesellschaftlichen Bedingungen Prestige wirksam sei, so ergibt sich folgendes: Da Prestige Wissen ist, setzt es zumindest eine Zweierbeziehung voraus.[26b] Diese nimmt die Form der Gegenseitigkeit an, weil dieses Wissen das Produkt von genau aufeinander

---

25 op. cit.: 424
26 Eine Ausnahme bildeten Verbrechen gegen die Herrschaft. In diesem Falle wurden auch die Familienangehörigen bestraft. Vgl. op. cit.: 431. Dort finden sich auch die entsprechenden Belege.
26 a vgl. S. 33   26 b vgl. S. 39

abgestimmter Verhaltenserwartung und Verhaltensreaktion ist. Entscheidend ist nun, daß die sozialen Beziehungen so geformt sein müssen, daß eine Nichtentsprechung von Verhaltenserwartung und Verhaltensreaktion eine Änderung des Wissens und eine Verweigerung des Prestiges samt all ihren Konsequenzen (zum Beispiel Machtverlust) zur Folge haben kann. Das bedeutet aber, daß in einer solchen Gesellschaft die Macht im Wesentlichen auf *Konsens*, nicht aber auf (physischer oder psychischer) Gewalt beruht.

Charakteristisch dafür ist, daß die bewußten Interessen der Befehlenden und Gehorchenden identisch sind. Man folgt also nicht deshalb, weil man durch Gewalt gezwungen würde, sondern weil man selber an der Ausführung des Befehls interessiert ist. Ist das nun nicht bloße Ausnahme, sondern sogar *Bedingung* dafür, daß jemand Macht hat, so gibt uns das wichtige Aufschlüsse über die entsprechenden gesellschaftlichen Strukturen: sie sind dann so beschaffen, daß in ihnen keine Gruppen mit divergierenden Interessen integrierbar sind. Solche Gruppen spalten sich ab und bilden neue, autonome Gesellschaften (vgl. S. 83).

Wir können also sagen, daß die Strukturen der Gegenseitigkeit und die damit verbundene Einheitlichkeit der Gruppeninteressen wesentliche Voraussetzungen für die gesellschaftliche Wirksamkeit des Prestiges darstellen. Der Ausdruck ‚gesellschaftliche Wirksamkeit des Prestiges' umfaßt sehr vieles: Einfluß von Wertvorstellungen auf das soziale Leben, insbesondere als Antrieb zur Realisierung bestimmter vorbildlicher Verhaltensweisen, ebenso wie die Regulierung der Verteilung wirtschaftlicher Güter, etc. Wir möchten hier aber speziell einen Wirkungsbereich, nämlich die Herrschaft, in den Mittelpunkt stellen und fragen, welche Zusammenhänge zwischen den eben besprochenen Voraussetzungen, dem Prestige und der Herrschaftsform bestehen.

Die Herrschaftsform ist ein Produkt der sozialen Beziehungen und insofern darauf ausgerichtet, diese Beziehungen intakt zu halten. Das könnte man die *konservierende Funktion der Herrschaft* nennen. Darüberhinaus aber scheint jeder Herrschaftsform auch noch ein dynamisches Element innezuwohnen, das die Herrschaft dazu antreibt, die sozialen Verhältnisse so umzugestalten, daß daraus ein Machtzuwachs zu ihren Gunsten resultiert. Zur konservierenden Funktion der Herrschaft tritt somit auch noch eine *verändernde Funktion* hinzu. Wir möchten nun die These vertreten, daß das Prestige dazu dient, diese verändernde Funktion der Herrschaft zu neutralisieren und die bestehenden Verhältnisse unverändert zu erhalten. Diese Aufgabe vermag das Prestige zu erfüllen, weil es die Möglichkeit bietet, das Verhalten der Leute, die in der Gesellschaft Macht haben, zu berechnen, zu kontrollieren und auf diese Weise Machtverlagerungen zu verhindern. Wie wir aber gesehen haben, kann das Prestige diese Funktion nur dann erfüllen, wenn die Macht jeweils auf Konsens beruht und die Gegenseitigkeitsstrukturen noch intakt sind.

Das bisher Gesagte erlaubt uns, das Problem des Verhältnisses zwischen Prestige und Herrschaft in der aztekischen Gesellschaft deutlicher zu erkennen. Wenn Gegenseitigkeit und Einheitlichkeit der Interessen wesentliche Voraussetzungen dafür waren, daß das Prestige seine Kontrollfunktion in Bezug auf die Herrschaft ausüben konnte, so muß man fragen, welche Rolle das Prestige von dem Augenblick an spielte, da die Macht nicht mehr auf Konsens, sondern auf Gewalt beruhte.

2.1.2. Das Verhältnis von Prestige und Herrschaft der Krieger nach dem ‚Vertrag von Itzcoatl': Entstehung einer Klassengesellschaft

Kennzeichnend für die Situation der Herrschaft war zweierlei: einmal die neue wirtschaftliche Grundlage, die einerseits den Ausbau einer Zentralinstanz samt ‚Zwingstab' (Max Weber) und andererseits die Konsolidierung einer vom übrigen Rest des Volkes getrennten Klasse ermöglichte, und sodann der Krieg, der ja gleichsam der Ursprung dieser Herrschaft und somit auch deren Legitimation war. Die Herrschaft bildete sich also auf Grund zweier Prozesse heraus: Kriege gegen außen und Teilung in Klassen im Inneren der Gemeinschaft. Wir werden uns den Zusammenhang zwischen den im ersten Teil dieser Arbeit dargestellten Sinngehalten des Prestiges und der aus diesen sozialen Prozessen erwachsenen Herrschaftsform analysieren. Auf diese Weise hoffen wir, die Beziehungen zwischen Sinn und Funktion des Prestiges im Rahmen der Herrschaft aufzuzeigen.

2.1.2.1. Prestige und Ästhetik: Über die Verschleierung der Gewalt (I)

Wir hatten damit begonnen, die subjektiven Aspekte des Prestiges durch die Analyse zweier Metaphern, Blume und Gesang, herauszuarbeiten. Daraus war die Verwandtschaft zwischen der Macht der Schönheit und derjenigen des Prestiges ersichtlich geworden. (Vgl. S. 50 f). Prestigehaben bedeutete, daß man den anderen gefiel, daß diese, vom Glanz und der Schönheit des Inhabers von Prestige angezogen, sich um ihn versammelten. Im Moment der Schönheit kam also die Freiwilligkeit zum Ausdruck, die kennzeichnend für das Verhältnis zwischen Über- und Unterordnung war.

Welche Rolle spielte nun die Schönheit von dem Augenblick an, da durch die Möglichkeit der Gewaltanwendung die Freiwilligkeit des Einzelnen zwar gewiß nicht überflüssig wurde, aber doch keine unabdingbare Bedingung für die Machtausübung mehr darstellte? Es scheint uns, daß Schönheit dann dazu diente, die hinter dem Machthaber stehende Gewalt zu verschleiern, aber doch so, daß sie wahrnehmbar blieb. Schönheit, die einst darauf zielte, Leute anzuziehen und ihnen die Macht erträglich zu machen, verwandelte sich in Prunk, der den Abstand zwischen demjenigen, der Macht und Prestige hatte und demjenigen, der sich unterordnen *mußte*, bewußt machen sollte. Das strenge Zeremoniell, wodurch die Beziehungen zwischen Herrscher und Beherrschten geregelt wurden, war ein deutlicher Ausdruck dieser Ästhetik des Abstandes: bereits wenn man in Motecuhzomas Schloß eintrat, hatte man sich die Sandalen auszuziehen, und wer zu ihm selber wollte, mußte sich grobe Decken überwerfen, um so die eigene Nichtswürdigkeit zu zeigen. Beim Sprechen mit dem Herrscher durfte man ihn nicht ansehen und oft antwortete dieser nicht direkt, sondern über andere Würdenträger[27]. Dieses Zeremoniell ordnete also genau Verhaltenserwartung und Verhaltensreaktion und ließ keinen Raum für irgendwelche spontanen Regungen, die die Herrschaft hätten in Frage stellen können. Dieses Zeremoniell, das das Verhältnis zwischen Über- und Unterordnung

---

27 Motolinía (1858): II/Cap. VII/S. 182. Vgl. ebenso den zweiten Bericht von Cortéz über seine Begegnung mit Motecuhzoma und das dabei beobachtete Zeremoniell: Cortéz (1907): 117 ff.

in eine so feste Form goß, scheint uns ebenfalls mit dem Problem der Gewalt zusammenzuhängen, und zwar so, daß in dem Maß, in dem die Gewalt bestimmend wurde für die Regelung sozialer Beziehungen, diese immer mehr ‚zeremonialisiert' wurden. Auf diese Weise sollten vermutlich Ängste und Aggressionen im psychischen Bereich, Auflehnung und Willkür im sozialen gebannt werden. Das Zeremoniell brachte somit zweierlei zustande: einerseits Erniedrigung des Bittstellers, und das heißt Betonung des Machtgefälles, und andererseits Erhebung der Untertanen dadurch, daß der Eindruck erweckt wurde, es sei etwas Außerordentliches, wenn sich der Herrscher zu ihm niederbeuge, um für ihn da zu sein.

Eine ähnliche Rolle wie das Zeremoniell spielte auch die Architektur. Die ästhetischen Normen, nach welchen sie sich richtete, standen ebenfalls im Dienste der Herrschaft. Die monumentalen Anlagen könnten als ein zu Stein gewordenes Zeremoniell bezeichnet werden, so durchdacht sind ihre Proportionen und Symmetrien, so stark kommt in ihnen ein Wille zur Ordnung zur Geltung[28]. Wie das Zeremoniell, unterstrich auch die Architektur die Machtverhältnisse, so etwa durch die großartigen Treppen- und Terrassenanlagen und die strengen Fassaden, welche die idealen Kulissen für die mit der Herrschaftsordnung eng verflochtenen religiösen Feste abgaben. Dadurch aber, daß die Architektur keinen Privat- (wie z. B. diejenige der europäischen Fürsten zur Zeit des Absolutismus), sondern Öffentlichkeitscharakter trug, konnte die Gemeinschaft sich in ihr widerspiegeln und sich einbilden, ihre eigene Macht (und nicht die ihrer Herrscher) sei hier zur Darstellung gebracht worden. Im gleichen Zug betonte also die aztekische Architektur die Machtverhältnisse und hob sie wieder auf[29].

Architektur und Zeremoniell zeigen eine gewisse Ambiguität in Bezug auf die Gewalt und die auf sie stützende Herrschaft: einmal machen sie sie sichtbar und einmal verbergen sie sie. Insofern Architektur und Zeremoniell nun Elemente des Prestiges sind, verweisen sie uns auf etwas, was uns noch eingehender beschäftigen wird, nämlich auf das Verhältnis zwischen Prestige und Gewalt. Unsere These lautet folgendermaßen: In dem Augenblick, da die Chance der Gewaltanwendung zur wesentlichen Voraussetzung der Ausübung der Herrschaft wird, übernimmt das Prestige die Aufgabe, diese Gewalt zu verschleiern. Diesen Sachverhalt haben wir von der ästhetischen Komponente des Prestiges her zu beleuchten versucht. Wir können nun dazu übergehen, eine Konsequenz der oben genannten These zu untersuchen. Das Prestige muß einen entscheidenden Funktionswandel durchgemacht haben, der sich selbstverständlich auch auf seine Sinngehalte ausgewirkt hat. War nämlich das Prestige in der auf Gegenseitigkeit beruhenden Gesellschaftsform das, worauf die Herrschaft unmittelbar beruhte, so würde es unter den neuen Verhältnissen mehr zu einem *Scheingrund*, gleichsam zu einer Art Brücke werden, auf die man verzichten könnte, sobald die Herrschaft erst einmal konsolidiert sein würde. Dieser Aspekt wird deutlicher in Erscheinung treten, wenn wir uns im folgenden mit dem Verhältnis zwischen Religion und Prestige beschäftigen.

---
28 vgl. Wertheim (1966): 85 ff
29 op. cit.: S. 219—22. Wertheim benützt den Begriff der „Soldatenkunst" zur Charakterisierung der aztekischen Kunst. Es scheint uns, daß dieser Begriff zu allgemein ist und nur die Tatsache, daß die Azteken eine Kriegskultur waren, berücksichtigt. Eine soziologische Betrachtung müßte dagegen auch von den sozialen Prozessen innerhalb der Gesellschaft und ihrer Widerspiegelung in der Kunst ausgehen.

2.1.2.2. Prestige und Religion: Über die Verschleierung der Gewalt (II)

Daß zwischen Prestige und Religion kein Gegensatz bestand, ist im ersten Teil dargelegt worden (vgl. S. 50, 56, 68, 69 ff). Beide, Religion und Prestige, waren auf den Erfolg im Diesseits ausgerichtet und bestätigten einander. Ebenso wie im vorhergehenden Abschnitt, wo Zusammenhänge zwischen Zeremoniell, Architektur und Herrschaft sichtbar wurden, haben wir auch jetzt zu fragen, welche Bedeutung diese enge Verflechtung zwischen Religion und Prestige für die Herrschaftsform hatte, und welche Beziehungen zu den sozialen Entwicklungen vorhanden waren.

Im Anschluß an Nietzsche und Max Weber hat Max Scheler im Ressentiment einen Ursprung der Jenseitsvorstellungen gesehen[30]. In der Unterdrückung entsteht die Phantasie eines Jenseits, das die Umkehrung der irdischen Verhältnisse („die Ersten werden die Letzten sein") ist. Der Umsturz, der hier auf Erden nicht durchgeführt werden kann, wird in den Himmel projiziert und auf Gott übertragen. Max Weber führte den Begriff der Pariareligiosität ein, durch welche die Individuen umso enger an ihre Pariastellung geheftet werden „je gedrückter die Lage ist, in welcher sich das Pariavolk befindet, und je gewaltiger also die Erlösungshoffnungen, die sich an die gottgebotene Erfüllung der religiösen Pflichten knüpfen"[31]. Diese beiden Annahmen erlauben uns, die Bedeutung der diesseitigen Ausrichtung der Azteken leichter zu erkennen. Und zwar indem wir fragen, weshalb es in dieser Kultur zu *keiner* politisch relevanten Ausbildung von Vorstellungen eines Jenseits gekommen ist.

Einmal scheint der Prozeß der Unterdrückung noch nicht so weit fortgeschritten gewesen zu sein, daß solche Jenseitsvorstellungen nötig geworden wären. Mit anderen Worten: die Spaltung der Gesellschaft in Herrscher und Beherrschte hatte noch nicht ein solches Ausmaß erreicht, daß es zwischen ihnen keine gemeinsamen Interessen mehr gegeben hätte. Unserer Meinung nach schuf hier der Krieg, bzw. die Eroberung fremder Völker, die gemeinsame Basis: die herrschende Klasse war auf die militärische Mitarbeit der unteren Klassen angewiesen und dadurch genoß auch der Ärmste der freien Azteken (macehual) im Vergleich zu den Unterworfenen eine privilegierte Stellung. Die Diesseitigkeit der aztekischen Religion brachte also lediglich das gemeinsame Interesse von Herrschenden und Beherrschten, sich hier und jetzt im Diesseits durchzusetzen, zum Ausdruck.

Zugleich aber spiegelten sich selbstverständlich auch die sozialen Spannungen in der Religion wider. Als wir den aztekischen Entwurf der Zukunft untersuchten, (S. 55 ff) stießen wir auf die ihm zugrundeliegende Auffassung der Geschichte. Huitzilopochtli, der Gott, trieb die Azteken auch gegen ihren eigenen Willen, gewaltsam, ständig weiter. Sezessionen wurden von ihm grausam bestraft. Und immer wieder machte er ihnen mit seinen Versprechen Mut, sie durch erfolgreiche Kriege einmal reich und mächtig zu machen. Diese aztekische Selbstdarstellung legte uns die Vermutung nahe, daß sie der Reflex einer kulturellen Entwicklung sei, die dem Menschen als fremd, unabänderlich und nicht mehr von ihrem eigenen Willen abhängig erschien. Nun können wir diese Vermutung eingehender begründen.

---
30 Scheler (1955): 83
31 Weber (1964): V/7/S. 386—87

Dem mythologischen Verhältnis Huitzilopochtli — Volk entsprach in der Realität dasjenige zwischen Adel und Volk. Aber dieses war ja nicht seit jeher das gleiche gewesen. So wie es im Mythos beschrieben wurde, war es das Ergebnis jener historischen Situation, die im Vertrag von Itzcoatl ihren Niederschlag fand. Die Aufnahme dieses Mythos in die Herrschaftsideologie möchten wir aus diesen Gründen in die Zeit Itzcoatls versetzen[32] und nehmen an, daß der Mythos nicht die Verhältnisse während der Wanderung schildert, sondern eher eine Projektion wünschbarer Verhältnisse in die Frühzeit hinein zum Zwecke der Legitimation der Herrschaftsform darstellt. Die Bedeutung dieses Mythos liegt also darin, daß sie ein ideales, auch dem Vertrag entsprechendes Rollenmodell für die Beziehungen zwischen Herrscher und Beherrschten lieferte: So wie die Gottheit sollte auch der Herrscher ohne Mitsprache des Volkes bestimmen können, welche Ziele anvisiert werden sollten. Ob das Volk diese Entschlüsse verstand und billigte oder nicht, war gleichgültig; wer sich nicht beugte, konnte, ohne daß er Widerstand hätte leisten dürfen, gewaltsam dazu gezwungen werden. Wie es Aufgabe der Gottheit war, durch erfolgreiche Kriege Reichtum und Macht der Gesellschaft zu mehren, so war dies auch des Herrschers Aufgabe; Itzcoatls Vertrag hielt denn auch Ähnliches fest.

Sichtbar wird nun, wie in diesem Mythos sowohl die sozialen Spannungen als auch deren Bewältigung dargestellt werden. Dort, wo die Interessen der Herrschenden und Beherrschten auseinanderzufallen drohten, konnten Gewalt im Inneren und Kriege gegen andere Gemeinschaften auf legitime Weise eine neue Einheit erzwingen (vgl. die Episode auf S. 56). Warum aber wurden diese sozialen Probleme mythologisiert? Warum wurde das Verhältnis Adel — Volk in das Verhältnis Gottheit — Volk eingekleidet? In diesen Fragebereich gehören auch noch die Probleme, die im Zusammenhang mit der religiösen Bedeutung des Krieges gestreift wurden (vgl. S. 67 ff), und die man in der Frage, weshalb die Azteken eine Metaphysik des Krieges entwickelt hätten, zusammenfassen könnte. Damals nahmen wir an, daß der Krieg deshalb über alle wirtschaftlichen und politischen Begründungen auch noch eine mythologische bekam, weil er der Auslesemechanismus der Herrschaft und somit Träger der hierarchischen Ordnung war (vgl. S. 69). Dadurch, daß man den Krieg im Mythos verankerte, versuchte man die auf ihm beruhende soziale Ordnung gegen den Kulturwandel abzusichern. Eine ähnliche Funktion scheint nun auch die Mythologisierung der Beziehung Adel — Volk gehabt zu haben. Indem der Adel nämlich glaubhaft machen konnte, daß er, bzw. der Herrscher, ja nur die gleiche Rolle spiele wie die Gottheit, brachte er sich in eine unangreifbare, und vor allem in eine vom Willen des Volkes unabhängige Position. Bemerkenswert ist nun, wie konsequent sich in diese Logik der Herrschaft auch die zuvor genannte Idee der göttlichen Gnadenwahl des Herrschers und die damit verbundene Aufhebung des Prestigesprinzips einordnete[32a].

---

32 In diesem Zusammenhang müssen wir auf jene Überlieferung hinweisen (vgl. Léon-Portilla (1966): 245), nach der Itzcoatl alte Bilderhandschriften, in denen die demokratischen Traditionen der Azteken festgehalten waren (vgl. Katz (1969): 271), zerstören ließ. Aber die Zerstörung allein genügte ja noch nicht — es mußten auch neue „Traditionen" geschaffen werden, durch welche die alten Überlieferungen eine den neuen gesellschaftlichen Bedürfnissen angepaßte Aussage erhalten mußten.

32a vgl. S. 80

Wir zeigten zwar, daß sich diese Tendenz auf eine absolute Herrschaft hin noch nicht ganz hatte durchsetzen können, aber wir können nun sehen, wie auf diese Weise zumindest die ideologischen Grundsteine gelegt wurden für eine solche Herrschaftsform und für eine Entwicklung, die sich über die Köpfe der Beherrschten hinweg vollziehen konnte.

Kurz zusammenfassend können wir nun sagen, daß die aztekische Religion im Rahmen der kulturellen Prozesse den gesellschaftlichen Wandel in denjenigen Grenzen hielt, die der Machtentfaltung der Kriegerklasse günstig waren, und ihn in diejenige Richtung trieb, die für die Etablierung einer absoluten Herrschaft vorteilhaft sein würde. In manchen Bereichen scheint also die Religion keineswegs bloße Widerspiegelung gegebener Verhältnisse, sondern geradezu eine Utopie der Herrschaft gewesen zu sein. In ihr fanden sich Zustände entworfen, die zwar nicht der Realität entsprachen, aber doch vorwegnahmen, was die Herrschaft als wünschenswert erachtete.

Betrachten wir das Verhältnis zwischen Religion und Prestige, so zeigt sich, daß die Religion die Inhalte lieferte, die dann das Prestige der Herrschaft vermittelte. Das Prestige war der Faktor, der jene religiösen Inhalte in der Gesellschaft zur Wirkung brachte. Erst dadurch, daß Mythen wie z. B. diejenige Huitzilopochtlis oder des Krieges mit dem Prestige verbunden wurden und damit die Grundlage abgaben für die Bewertung der Individuen, wurden sie gesellschaftlich relevant für die Herrschaft. Auf welche Weise aber erlaubt uns das in diesem Kapitel besprochene Verhältnis zwischen Religion und Herrschaft, den am Ende des vorangegangenen angedeuteten Funktionswandel des Prestiges genauer zu bestimmen? Wir können feststellen, daß die Religion die ideologischen Mittel bereitstellte, die es allmählich und in zunehmendem Maße ermöglichten, die herrschende Klasse der Kontrolle durch die Beherrschten zu entziehen. Es war das Prestige, wodurch diese ideologischen Mittel zum Einsatz gebracht wurden. Man muß sich aber nun fragen, wie es dazu kam, daß eine soziale Einrichtung, deren ursprünglicher Zweck unter anderem die Kontrolle der Machthaber war, in ihrer Richtung gleichsam umgedreht und dazu ausgenützt werden konnte, immer mehr Machtanteile für die herrschende Schicht freizusetzen. Diesen Prozeß wollen wir nun im folgenden, die bisherigen Überlegungen zusammenfassenden Kapitel untersuchen.

2.1.3. Die Funktion des Prestiges bei der Integration der Gewalt in das soziale System einer Klassengesellschaft

Unsere Analyse des Verhältnisses zwischen dem Prestige und der Herrschaft der Krieger zeigte uns, daß wir es historisch, mithin als im Wandel begriffen zu betrachten haben. In diesem Wandel traten zwei Phasen deutlich in Erscheinung. Die eine war charakterisiert durch die Gegenseitigkeitsbeziehungen, die die Grundform der frühen aztekischen Gesellschaft abgaben, die andere durch den Bruch dieser Gegenseitigkeit, die Ausbildung zweier Klassen und die Aufrichtung einer Herrschaftsform, die auf Gewalt beruhte. Diese gewaltigen Veränderungen fanden natürlich nicht plötzlich statt. Die alten Institutionen gestalteten sich oft auf so unmerkliche Art und Weise um, daß dieser Prozeß den Individuen in seiner Tragweite gar nicht recht zu Bewußtsein kam. Diese unbewußte Seite des Kulturwandels scheint uns von besonderem Interesse zu sein, denn dort vollzogen sich diejenigen Veränderungen, die den Kern der bisherigen Kultur angriffen. Sie durften wohl deshalb nicht bewußt werden, weil sie (in unserem Fall) Verhältnisse schufen, die eine Minderheit der Gesellschaft auf Kosten einer Mehrheit begünstigten; darüber hinaus aber läßt sich annehmen, daß ein solcher Wandel die Individuen derart verunsicherte, daß sie die entsprechenden Wahrnehmungen lieber verdrängten, um sich weiterhin in den alten Sicherheiten wiegen zu können.

Betrachten wir einmal die Mechanismen, die das Prestige geradezu prädestinierten, bei einem zwar allmählichen aber doch tiefgreifenden Kulturwandel eine hervorragende Rolle zu spielen. Es ist nur scheinbar paradox, wenn wir hier den *Konservatismus* des Prestiges (vgl. den Exkurs mit der Gegenüberstellung Charisma – virtù S. 29 ff) nennen. Denn der konservative Schein, der dem Prestige anhaftete, eignete sich ausgezeichnet, um den sozialen Spaltungsprozeß zu verbergen und so ihn ungehindert entwickeln zu lassen. Der Konservatismus ermöglichte nämlich eine befriedigende Deutung der an und für sich unbefriedigenden Tatbestände. Vor allem schmeichelte dem aztekischen Volk wohl die Idee seiner Auserwähltheit; sie war daher auch eine Art Garantie dafür, daß die errungenen Siege nicht vergänglich waren, denn die Gottheit selber hatte sie ja gewollt. Neben dem Selbstgefühl, das durch den Mythos angesprochen wurde, war es aber auch noch die Tradition, welche die Überzeugungskraft der mythologischen Erklärung stärkte. Nicht umsonst waren sowohl die Geschichte Huitzilopochtlis als auch die rituellen Zeremonien, welche für die Erwerbung des Prestiges nötig waren (vgl. S. 62 ff), im traditionellen Gebäude altmexikanischer Religion eingebaut. Wer nach Prestige strebte, schien auf den ersten Blick so zu handeln, als ob er sich ganz im Rahmen der Überlieferung bewegen würde.

Ein weiterer Zug des Prestiges erwies sich ebenfalls als förderlich für die Durchsetzung der neuen Verhältnisse: die Beziehung zwischen *Prestige und Alltag* (vgl. S. 30 ff, 38 f). Wenn auch das Individuum, welches Prestige hat, eine Ausnahme ist, so doch eine solche, die die Regel, den Alltag, bestätigt. Das Prestige war auf den Alltag bezogen; es bot den Maßstab für das Selbstverständnis. Was wert oder unwert war, wurde durch einen Blick auf die Prestige-Werte bestimmt. Wie stark sich das gerade im Alltag auswirkte, wird im folgenden Kapitel in der Bewertung der Kaufleute und ihrer Tätigkeit durch die aztekische Gesellschaft noch deutlich werden. Die dort zutage tretende Identifikation der Beherrschten mit den Herrschenden half mit, den Abstand zwischen ihnen zu verschleiern. So verborgen, konnte er sich unbemerkt immer mehr vergrößern.

Die Beziehung des Prestiges zum Alltag und sein Konservatismus erwiesen sich in dem Augenblick als besonders wichtig, als jener grundlegende Wandel stattfand, der die Strukturen der Gegenseitigkeit aufhob und an ihrer Stelle eine Teilung in Klassen mit verschiedenartigen Interessen setzte. Die Gewalt, die zur Durchsetzung und Erhaltung der neuen Verhältnisse notwendig wurde, wurde nun durch das Prestige in gewisser Hinsicht entschärft und für die Gesellschaft akzeptabel gemacht. Die Gewalt erhielt im neuen Gesellschaftssystem eine neue Rolle, und erst diese wird uns erlauben, die integrative Funktion des Prestiges zu verstehen.

Wir meinen nun nicht, daß, solange die Gesellschaftsform durch Gegenseitigkeit charakterisiert war, ein paradiesischer Zustand der Gewaltlosigkeit geherrscht habe; Gewalt (Kriege, Blutrache, etc.) gab es auch damals, nur war sie insofern untauglich als Mittel der Konfliktlösung, als sie sich jeweils *desintegrierend* auf die Gesellschaft auswirkte. Da durch die soziale Struktur die Chancen der Gewaltanwendung mehr oder weniger gleich verteilt waren, konnten Konflikte nur so gelöst werden, daß man ähnliche Verhältnisse, wie sie vor dem Konflikt geherrscht hatten, wieder herzustellen, und das heißt, das alte Machtgleichgewicht zu erneuern versuchte. War aber eine gütliche Einigung (etwa durch Zahlungen) oder eine Trennung der streitenden Parteien (beide gingen ihre eigenen Wege und eliminierten so den Konflikt) nicht annehmbar, so blieb nichts anderes übrig, als den Mechanismus der Blutrache, welcher ja ebenfalls auf die Herstellung eines Gleichgewichts ausgerichtet war, in Gang zu setzen. Charakteristisch für diese Art der Konfliktlösung scheint uns die Wiederherstellung der Autonomie der Streitenden. Grundsätzlich davon verschieden war nun die Bewältigung sozialer Konflikte unter den neuen Verhältnissen. Standen sich zwei Gruppen streitend gegenüber, so ging es nicht so sehr um einen Ausgleich als darum, den Gegner durch Androhung von Gewalt zum Verzicht auf die Rechte, die den Konflikt erzeugt hatten zu zwingen. Erstrebt wurde somit nicht mehr die Wiederherstellung der Autonomie der beiden Parteien, sondern die Aufrichtung des Herr — Knecht Verhältnisses, also die Unterdrückung des Gegners[33].

Es ist nun leicht einzusehen, daß auf diese Weise der Kulturwandel einen neuen und beschleunigten Antrieb erfuhr. Die Kultur befand sich nicht mehr im Gleichgewicht und geriet in Bewegung: Die gewaltsame Aneignung von Rechten durch die eine Gruppe gab zwar dieser mehr Entfaltungsmöglichkeiten, aber immer nur auf Kosten der übrigen Gesellschaft. Hier jedoch wuchs der Widerstand, der auf die Umkehrung der bestehenden Verhältnisse hin tendierte. Man könnte sogar sagen, daß gerade dadurch, daß die Gewalt zum Mittel wurde, diese sozialen Konflikte zu lösen, das dialektische Prinzip zum Entwicklungsgesetz der Gesellschaft wurde. Allerdings muß dabei immer in Betracht gezogen werden, daß dieses Prinzip erst durch die veränderten wirtschaftlichen Verhältnisse wirksam werden konnte.

Wie kam es nun dazu, daß die Gewalt einen Beitrag zur Integration der Gesellschaft leistete? Wir möchten hier den Satz von Popitz (vgl. S. 37 f) ein wenig umgewandelt wieder aufgreifen: ,,Gewalt reicht zwar für jeden, aber nicht für alle''. Gewalt kann nur dann integrativ wirken, wenn man die Mehrheit der Beherrschten dazu bringen kann, die Gewalt, welche jeden treffen kann, gutzuheißen. Hier spielt das Prestige nun die entscheidende Rolle. Nur wenn sich der Gewalthaber Prestige aneignen kann, wird seine Gewalt akzeptiert werden. Aber warum eigentlich? Das Prestige stellt die Gewalt in einen neuen Wertzusammenhang hinein und läßt sie als etwas für die Realisierung des gesellschaftlichen Entwurfes Notwendiges erscheinen. So ermöglicht das Prestige die Integration der Gewalt in das gesellschaftliche System.

---

33 Wir möchten hier besonders betonen, daß wir natürlich nicht die Meinung vertreten, daß ,,der'' Mensch in der auf Gegenseitigkeit beruhenden Gesellschaft ,,gut'' gewesen und in der ,,Klassengesellschaft'' ,,böse'' geworden sei. Wir meinen lediglich, daß die früheren wirtschaftlichen Voraussetzungen keine Unterdrückung gestatteten.

Prestige und Gewalt gehören somit zueinander; die Frage ist nun, welcher dieser Faktoren für die Ausübung der Herrschaft der ausschlaggebende ist. Betrachten wir das Problem statisch, also so wie es sich etwa zur Zeit Motecuhzomas I stellte, können wir sagen, daß sich die Herrschaft auf beides stützte. Da die Möglichkeiten der Gewaltanwendung — zumal bei dem damaligen Stand der Waffentechnik — beschränkt waren, war der Herrscher auf das Prestige, auf die Anerkennung durch seine Untertanen angewiesen. Andererseits aber bedingte die zunehmende Spaltung in Klassen und die damit verbundene Divergenz der Interessen eine ständige Bereitschaft der Herrschenden, ihre Befehle notfalls mit Gewalt durchzusetzen. Das Prestige allein hätte dazu nicht mehr ausgereicht. Die Herrschaft beruhte also gleichermaßen auf Prestige *und* Gewalt.

Anders sieht es aber aus, wenn wir auch noch den zeitlichen Ablauf berücksichtigen. Dann können wir nämlich eine ständige Machtverlagerung feststellen, die dem Prestige seine ursprüngliche Grundlage, die Gegenseitigkeit, immer mehr entzog und den Möglichkeiten der Gewaltanwendung einen immer breiteren Raum schuf. Dabei mußte das Prestige allerdings nicht verschwinden, aber es erhielt eine neue Begründung; es war nun nicht mehr in den sozialen Beziehungen verankert, sondern an der Ideologie aufgehängt. Und die Verhältnisse, welche diese Ideologie produzierten, die beruhen auf Gewalt, nämlich auf dem Krieg. Hier zeigt sich, daß nicht das Prestige, sondern letzlich die Gewalt Grundlage der Herrschaft der Krieger war. Aber wie schon gesagt: der Gewalt waren durch den technologischen Stand der Kultur bedingte Grenzen gesteckt, und aus diesem Grunde konnte der Herrscher nicht gänzlich auf das Prestige verzichten. Es war jedoch keineswegs mehr Grundlage, sondern nur notwendiger, verschleiernder Überbau[34].

Welchen Aufschluß über die Herrschaftsform bei den Azteken haben wir nun durch unsere Analyse der Verhältnisse zwischen Prestige und Herrschaft erhalten? Deutlich konnten wir einen Wandel der Herrschaftsform verfolgen, der einen entscheidenden Einschnitt durch die Ereignisse erfuhr, die im Vertrag von Itzcoatl ihren Niederschlag fanden. Dadurch daß der Herrscher zum *Gewalt*haber wurde, änderte sich die Herrschaftsform zwar nur allmählich aber doch von Grund auf, und sie tendierte in Richtung auf eine absolute, despotische Herrschaft. Unserer Ansicht nach hatte sie jedoch dieses Stadium, auch zur Zeit Motecuhzomas II., noch lange nicht erreicht. Dazu spielte das Prestige noch eine viel zu große Rolle, und das deutete ja nur darauf hin, daß die gesellschaftlichen Verhältnisse noch nicht so weit entwickelt waren, daß ein solcher Despotismus möglich geworden wäre. Die Tatsache, daß sich die Herrschaft im Wandel befand, also sowohl alte als auch neue ‚tendenzielle' Elemente umfaßte, scheint dazu geführt zu haben, daß zwei entgegengesetzte Theorien über die aztekische Herrschaftsform entwickelt werden konnten[35]. Die eine, die ursprünglich

---

[34] In diesem Zusammenhang scheint uns die Gestalt Tezcatlipocas bedeutungsvoll in die Zukunft zu weisen. Er ist die Verkörperung desjenigen Herrschers, der überhaupt keine Rücksichten auf seine Untertanen zu nehmen braucht und mit vollendeter Willkür herrscht. Tezcatlipoca ist gleichsam der Entwurf eines Herrschers, der keines Prestiges mehr bedarf.
[35] Feldman (1966): 167—175; Moriarty (1969): 257—270

Morgan vertrat[36] und die von Bandelier[37] reich belegt wurde, versuchte nachzuweisen, daß es sich bei den Azteken um eine dem Irokesenbund verwandte militärische Demokratie, keineswegs aber um ein ‚Reich' handelte. Die andere Theorie, die wir bereits bei den spanischen Eroberern finden, versuchte die aztekische Gesellschaft als Feudalgesellschaft, ähnlich der zeitgenössisch spanischen darzustellen. In seinem Buch über die staatlichen Verhältnisse in México-Tenóchtitlan beschreibt Lopez den aztekischen Staat als geradezu totalitär[38] und den Herrscher als absolut, sogar als eine Art Gottkönig[39]. *Beide* Theorien konnten sich jeweils auf ein reiches Material stützen. Da sie sich aber ausschlossen, konnten sie nur eine einseitige Auswahl treffen. Indem wir jedoch das Moment der Entwicklung in unsere Betrachtung einbezogen, wurde es uns möglich, das vorhandene Quellenmaterial in einer umfassenderen Weise zu berücksichtigen. Jetzt können wir sowohl jene Aussagen einordnen, die sich auf die alte Stammesordnung beziehen, als auch jene, die auf die Entwicklung in Richtung auf eine despotische Herrschaftsform hindeuten[40]. Damit können wir nun die Kritik, die die eine Theorie an der anderen übte,[41] aufheben und deren relative Berechtigung anerkennen.

Auf die eigentliche *Organisationsform* der Herrschaft brauchen wir in diesem Zusammenhang nicht einzugehen. Hier ging es uns in erster Linie darum, den Rahmen, innerhalb dessen sich die Herrschaft abspielte und der den Grad der Wirksamkeit der Organisation überhaupt erst festlegte, zu zeigen[42].

2.2. DIE UNBEWUSSTE FUNKTION DES PRESTIGES IM KULTURWANDEL: KONFLIKT-STRATEGIE ZWISCHEN KRIEGERN UND KAUFLEUTEN

Das vorangegangene Kapitel zeigte, daß die Funktion des Prestiges in der Herrschaft nur im Zusammenhang mit der Rolle der Gewalt verstanden werden kann. In diesem Kapitel soll ein weiterer Faktor, der für die Funktion des Prestiges bestimmend ist, untersucht werden, nämlich die gesellschaftliche Dynamik. Wir gehen davon aus, daß sich jede Gesellschaft im Wandel befindet[43], daß aber manche Gesellschaftsformen mehr hemmende Faktoren aufweisen und sich nur sehr langsam verändern. Was uns nun interessiert, sind die Wechselwirkungen zwischen dem Prestige und dem gesellschaftlichen Wandel.

Die Krieger hatten mit Hilfe des Prestiges und der Gewalt ihre Macht in der aztekischen Gesellschaft aufgebaut. Indem sie jedoch die Gewalt als Mittel der Konfliktlösung einsetzten, brachten sie ein den Wandel antreibendes Element in die sozialen Beziehungen hinein. Über kurz oder lang wäre auch ihre eigene Position von diesem Wandel ergriffen worden, und

---

36 Morgan (1924): II/VII/157 ff
37 Bandelier (1878): 588. Aber auch noch bei Vaillant (1957): 120 findet sich diese Theorie
38 López (1961): 16; 76
39 op. cit.: 30; 51
40 Damit gelangen wir — wenn wir auch von einer anderen Fragestellung ausgingen — zu ähnlichen, die Sozialstruktur betreffenden Ergebnissen wie Katz (1956): 103; 153 ff.
41 Morgan (1921): 157; 166; 179—80; Moreno (1948).
42 Über die staatliche Organisation orientiert am besten das Buch von López (1961).
43 Dahrendorf (1967): 292

so standen sie vor dem Problem, wie sie den weiteren für sie ungünstigen Veränderungen Einhalt gebieten konnten. Wir sahen, welche Rolle hierbei das Prestige und die Religion spielten: sie sollten den Kulturwandel gleichsam aufs Eis legen und die bestehenden Verhältnisse konservieren. Aber gerade das Prestige erwies sich dabei als eine Art Zeitbombe. Es zeitigte Auswirkungen, die mit diesen ursprünglichen ‚Absichten' der Krieger nichts mehr zu tun hatten. Statt den Kulturwandel zu stoppen, beschleunigte ihn das Prestige, denn hinter seinen manifesten, abschätzbaren Funktionen wirkten noch unberechenbare, latente. Diesen wollen wir auf die Spur kommen, indem wir das Aufkommen der Kaufleute verfolgen. Aus den Hemmnissen und Förderungen, die sie erfuhren, lassen sich nämlich die Kräfte erkennen, die in der aztekischen Gesellschaft wirksam waren. Dabei möchten wir besonders die wirtschaftlichen Verhältnisse berücksichtigen, denn sie sind (in letzter Instanz) für den Rahmen der gesellschaftlichen Dynamik bestimmend.

2.2.1. Die aztekischen Kaufleute

Die Berichte über die aztekischen Kaufleute legen es nahe, zwischen zwei Gruppen zu unterscheiden. Die eine verkaufte die Waren für den alltäglichen Gebrauch auf dem Markt. Oft waren diese Leute selber die Produzenten, zuweilen aber nur Händler, die ihre Ware selber einkaufen mußten[44]. Sie scheinen trotz ihrer großen wirtschaftlichen Bedeutung im politischen Leben keine Rolle gespielt zu haben. Die andere Gruppe jedoch, die Pochteca[45], die sogenannten Großkaufleute, welche der — im Vergleich zur ganzen Gesellschaft — recht dünnen Oberschicht Luxusgüter wie Gold, Edelsteine, kostbare Federn, etc. besorgte[46], trat im politischen Leben besonders hervor. In Bezug auf den Teil der Wirtschaft, dessen wichtigste Aufgabe die Sicherung des Lebensunterhaltes der Gesellschaft durch Lieferung der nötigen Gebrauchsgüter (Lebensmittel, Kleidung, etc.) ist, spielten diese Großkaufleute keine wesentliche Rolle. Man könnte sie gleichsam ausstreichen, und die Gesellschaft bliebe trotzdem lebensfähig. Aus diesem Grunde ist die soziale Bedeutung der Großkaufleute, die z. B. darin zum Ausdruck kam, daß sie Land besitzen durften und eine eigene Gerichtsbarkeit hatten, besonders auffallend. Wir werden sehen, wie sich diese Diskrepanz zwischen der wirtschaftlichen und der sozialen Bedeutung der Großkaufleute entscheidend auf den Konflikt zwischen Kriegern und Kaufleuten auswirkte. Dem Ansatz dieser Arbeit entsprechend (vgl. S. 44/45) versuchen wir die Beziehungen zwischen Kaufleuten und Kriegern darzustellen, indem wir von ihren Spiegelungen im Bewußtsein der Kaufleute ausgehen und dann die Art und Weise ihrer Verankerung in der Wirtschaft untersuchen.

2.2.1.1. Das Prestige und das falsche Bewußtsein der Kaufleute

Versucht man dieses Selbstverständnis zu rekonstruieren, so fällt einem als erstes auf, in welch hohem Grade sich die aztekischen Großkaufleute mit

---

44 Schultze—Jena (1952): 133. Vom Pfeffer-Verkäufer heißt es z. B. „Er ist entweder ein Bauer . . . oder ein Händler".
45 Nach Siméon ist dieses Wort abgeleitet von pochotl (Bombax Ceiba), einem großen, schönen, schattenspendenden Baum. Bildlich benützt weist dieses Wort auf die Funktion eines Mächtigen hin: Schutz zu spenden.
46 Chapman (1957): 115

den Kriegern identifizierten. Sie verstanden sich selber immer nur in Relation zu den Kriegern. So setzten sie zum Beispiel ihren eigenen Gott, Yacatecutli, mit dem der Krieger, Tezcatlipoca, gleich[47]; sie beriefen sich auch weniger auf ihre wirtschaftlichen als auf ihre kriegerischen Erfolge, ja sie versuchten sogar ganz als Krieger zu gelten.

Nur war es kein Zufall, daß der Kaufmann sich als Krieger sah[48]; seine Handelsexpeditionen führten in fremdes und auch feindliches Land. Die Verluste der Kaufmannschaft müssen recht hoch gewesen sein. Und doch ging die Identifikation mit den Kriegern weit über diese beruflich bedingte Gemeinsamkeit hinaus und betraf deren ganze Einstellung zum Leben, zum Tod, zum Beruf. Sahagún überlieferte uns die Ermahnungen eines alten Kaufmanns, der dem jungen, soeben zurückgekehrten, rät, er solle ja nicht dünkelhaft werden, denn schon bei der nächsten Reise könne er umkommen. Dann heißt es weiter: „Das (gemeint ist der Handel; M. E.) ist nun einmal die Art der *Kriegsführung* von uns Kaufleuten"[49]. Es überrascht daher nicht, daß derjenige, welcher nur handelte, aber nicht kämpfte, verspottet wurde, nämlich als einer, „der auf schwachen Füßen steht, der nur ein Herdhocker ist, der nur hier (in der Stadt) auf dem Markte sich vorsichtig zu bewegen pflegt...; nur hier, mit dem, was verkäuflich ist, Geschäfte macht und sich erganuert"[50].

So wie sie ihre Lebensweise als eine eigentliche kriegerische auffaßten, so auch den Tod. Starb der Kaufmann während eines Handelszuges, sei es bei einem Überfall, sei es bei einem Unglück, so wurde er wie ein Krieger bestattet, d. h. nicht begraben, sondern auf einem Berggipfel ausgesetzt. „Und sie sagten, daß er (der Kaufmann; M. E.) nicht stürbe, daß er in den Himmel gehe und die Sonne begleite"[51].

Auch in der Art und Weise wie die Kaufleute ihre Geschichte begriffen und darstellten als Sahagún sich an sie wandte, äußerte sich ihr Selbstverständnis als Krieger, denn im Zentrum ihrer Ausführungen standen nicht Handelsbilanzen und günstige Vertragsabschlüsse, sondern die vier Jahre lang andauernde Belagerung der von ihnen besetzten Stadt Ayotlán durch feindliche Truppen. Sie hatten sie damals ohne Hilfe aztekischer Truppen durchgestanden und die Feinde mit eigener Kraft vertrieben[52].

Prestige hatten wir definiert als das Wissen, das die Gesellschaft von der Vorbildlichkeit eines Individuums hat. Das Selbstverständnis hingegen ist Ausdruck der Vorstellungen, die das Individuum von sich selber hat. Bei den Kaufleuten können wir nun feststellen, daß sich ihr Selbstverständnis an den Idealen der Krieger und damit auch an denjenigen des Prestiges orientierte. Hinter der Identifikation der Kaufleute mit den Kriegern stand nichts anderes als der Anspruch auf das gleiche Prestige wie das der Krieger und damit wohl auch auf die Beteiligung an der Herrschaft. Da die Kaufleute die Krieger — aus Gründen, die wir noch darlegen werden — nicht infrage stellen konnten, mußte sie deren Ideale übernehmen und vermoch-

---

47 Seler (1904): Bd. II, S. 1104
48 vgl. Pirenne (o. J.): 97. Auch im europäischen Bereich traten die Kaufleute im frühen Mittelalter als Krieger hervor.
49 Schultze—Jena (1952): 217
50 Schultze—Jena (1950): 147. Es handelt sich hier um eine Spottrede, die erfahrene Kaufleute an Neulinge richten.
51 Schultze—Jena (1952): 199
52 op. cit.: 167

ten so kein eigenes neues Selbstbewußtsein zu entfalten. Das Prestige erweist sich in diesem Zusammenhang als ein Instrument der Herrschaft, und zwar indem es mithilft, das Selbstverständnis der Herrschenden auch anderen Gruppen aufzuwingen. Diese erkennen damit — auch wenn es gegen ihre eigenen objektiven Interessen geht — die bestehende Herrschaftsform an (vgl. auch S. 38) und stützen sie auf diese Weise. Das soll nun im folgenden betrachtet werden.

Durán nennt in seinem Werk die drei Wege, auf denen man zu Ansehen gelangen konnte: Krieg, Gottesdienst[53] und Handel[54]. Von diesem letzteren heißt es: „Die dritte und am wenigsten ehrenvolle Möglichkeit war der Handel... in allen Märkten des Landes tauschten sie Decken gegen Schmuck, Schmuck gegen Federn, Federn gegen Edelsteine und Edelsteine gegen Sklaven; immer handelten sie mit kostbaren Dingen... Indem diese indianischen Händler Besitz und Sklaven, die sie ihren Göttern opfern konnten, erwarben, wurden sie hoch angesehen unter den Herrschenden des Landes. Und der Grund dafür war, daß sie sich ebenso wie die tapferen Krieger ausgezeichnet hatten, die Opfergefangene aus der Schlacht heimgebracht und den Ruf der Tapferkeit erworben hatten, weil sie zum Verspeisen des Fleisches jenes Mannes eingeladen hatten"[55]. Aus diesem Text möchten wir zweierlei herausgreifen: erstens die Feststellung, daß der Handel, verglichen mit den anderen beiden Möglichkeiten, als weniger ehrenvoll galt und zweitens, daß das, was eigentlich das Prestige einbrachte *nicht* das Vermögen als solches, sondern die Opferung der Gefangenen war. Erst dadurch konnte sich der Kaufmann als Krieger ausweisen. Allerdings war der ‚Gefangene' des Kaufmanns nur ein gekaufter Sklave und kein erkämpftes Opfer. Lag in diesem Unterschied vielleicht der Grund für die leise Verachtung des dritten Weges? Wir werden auf diese Frage noch zurückkommen, weil sie auf den Konflikt zwischen Kriegern und Kaufleuten hinweist.

Wichtig scheint uns vor allem die Rolle, die der Reichtum in der aztekischen Gesellschaft spielte, denn dieser entschied, welche wirtschaftliche Bedeutung den Kaufleuten zukam. Nur, wenn sie die Möglichkeit gehabt hätten, Reichtum zu akkumulieren, hätten sie eine selbständige wirtschaftliche Basis besessen, um ihre eigenen Interessen durchzusetzen. Versuchen wir deshalb als erstes festzustellen, ob bei den Großkaufleuten das Motiv der Vermögensakkumulation vorhanden war. Ihre wirtschaftliche Gesinnung läßt sich leicht aus den überlieferten Texten rekonstruieren. So zum Beispiel aus der ‚Definition' des Puchteken, des Großkaufmanns: „Der Puchteke ist ein Verkäufer, ein Kaufmann, ein Geldverleiher, der auf Zins ausleiht, Vereinbarungen trifft, sein Vermögen vermehrt, vervielfältigt"[56]. Er arbeitete also mit seinem Kapital. Über das Risiko, das er dabei einging, war er sich im klaren: „Du wirst in Zweifel kommen, du wirst dich in der

---

53 Man wird in dieser Arbeit vielleicht vermissen, daß das Prestige der Priester nicht dargestellt wurde. Es zeigte sich aber, daß seine Analyse keine neuen Seiten am Verhältnis zwischen Sinn und Funktion zum Vorschein gebracht hätte. Wegen der vollständigen Abhängigkeit der Priesterschaft von den Kriegern ist das nicht weiter verwunderlich. Die Priesterschaft hätte nur dann eine eigene Form des Prestiges entwickeln können, wenn sie eine selbständige Stellung — etwa als Beamte — errungen hätte. Dazu aber ist es im alten Mexiko nicht gekommen.
54 Durán (1867): Bd. II/LXXXIV/124—125
55 op. cit.: 125
56 Schultze—Jena (1952): 229

Rechnung irren, nämlich *wo* etwas und *was* gut eingeschlagen, *wo* etwas und *was* Verwendung finden könne von diesen Waren, die dir Not und dir Sorgen machen"[57]. Wo das Risiko groß ist, stellen sich leicht der wirtschaftliche Egoismus und Konkurrenzkampf ein, denn wer nichts wagt, sollte auch nicht gewinnen dürfen. Hinweise dafür finden wir: Von der Beute, die während jener denkwürdigen Verteidigung Ayotlans gemacht wurde, heißt es, daß die Kaufleute mit niemandem teilen wollten: „Das wird niemand von all denen bekommen, die in Mexiko geblieben sind, also jene Kaufleute von Pochtlan, Oztoman, die nicht mit uns gekommen sind, nicht mit uns Mühen erduldet haben: ausschließlich *unser* eigener Besitz soll es sein"[58]. Geht man dieser Spur weiter nach, so trifft man auf ein ausgeprägtes Arbeitsethos: „Leg nicht die Hände in den Schoß, laß deine Füße nicht den Dienst versagen! Verzage nicht und werde nicht schwach!"[59] Diese Einstellung scheint bei den Azteken allgemein verbreitet gewesen zu sein[60]. Der Vater riet seinem Sohn: „Arbeite mit deinen Händen, iß von dem, was du erarbeitet hast, und du wirst ein ruhiges Leben führen. Mühevoll müssen wir leben. Mit Schweiß und Arbeit habe ich dich aufgezogen ... für dich habe ich anderen gedient..."[61]. Dazu gehörte auch die Forderung nach Ehrlichkeit[62]. Und schließlich könnte auch die ausgeprägte Gottergebenheit die Vermutung aufsteigen lassen, wir hätten es bei den Großkaufleuten mit aztekischen Calvinisten und kapitalistischem Geist zu tun. Der davonziehende Kaufmann wurde mit folgenden Worten verabschiedet: „... Ja, du wirst in Einklang mit ‚Eins Schlange' den sicheren Weg gehen ... Oder aber es wird dich irgendwo unser Gott, der Allgegenwärtige ... vernichten, sollst irgendwo im Waldesinneren oder in einer Höhle umkommen..."[63]. Und dem Gastgeber dankte man: „... so haben wir denn gegessen, haben getrunken, was der Lohn (deiner Wanderungen in) Bergen, Schluchten und Ebenen, auch deiner Seufzer und Tränen ist, die du wohl seinerzeit zum Herrn, dem Allgegenwärtigen geseufzt und geweint hast"[64].

Diesen Stellen könnte man nun entnehmen, daß die aztekischen Kaufleute auf Grund ihrer wirtschaftlichen Gesinnung doch die Möglichkeiten einer bedeutenden Vermögensakkumulation besessen haben mußten. Könnte man vielleicht sogar von einer „Klasse, deren Ziel und Ideologie grundverschieden von der des Adels waren"[65] sprechen? Wie aber ließe sich dann diese wirtschaftliche Gesinnung mit dem Selbstverständnis als Krieger vereinbaren?

---

57 Schultze—Jena (1950): 165
58 Schultze—Jena (1952): 169
59 op. cit.: 299
60 Höltker (1930): „Dieser Aktivismus zeigte sich in allen kulturellen Erscheinungen und in den persönlichen, privaten Obliegenheiten und Verpflichtungen" (S. 522).
61 Mendieta (1870): II/XX/S. 114
62 Schultze—Jena (1952): 203
63 op. cit.: 183
64 op. cit.: 201
65 Katz (1956): 75; ebenso Soustelle (1957): „Indessen gibt es noch eine andere Klasse, die zwar unter der Führungsschicht steht, aber im Begriff ist, sie einzuholen. Sie kehrt nur diese Werte (des Ansehens; M. E.) um und läßt das Ansehen außer acht, sondern meidet es sogar. Die Mitglieder dieser Klasse streben einzig und allein den Reichtum an. Sie ist mit ihren Bräuchen, ihren Gesetzen und ihrem Aufbau eine derart verschiedene Klasse, daß sie fast eine Welt für sich bildet" (S. 85)

Damit stoßen wir wieder auf ein ähnliches Problem, wie es sich schon stellte, als wir (auf S. 60 f) verschiedene einander letztlich widersprechende virtù-Vorstellungen der Krieger und der Herrschaft (S. 81) feststellen konnten. Vergleicht man alle diese Ideen miteinander, so zeigt sich, daß einige, so zum Beispiel die des Vornehmen (S. 60) und die des arbeitsamen Kaufmannes oder diejenigen des Kriegers und des Herrschers, zueinander ‚paßten', andere aber einander verneinten (das Ideal des Vornehmen etwa und das des Kriegers). Welche der Vorstellungen sich aber schließlich durchsetzen und ins Wertpattern der Kultur eingehen können, hängt letzten Endes von den wirtschaftlichen Verhältnissen ab. Wir werden nun sehen, wie das Prestige zwischen der Wirtschaft und den Ideen ‚vermittelt' und auf diese Weise in den Kampf zwischen den verschiedenen Idealen entscheidend eingreift.

Das Prestige zerschlug und machte die zuvor beschriebene wirtschaftliche Gesinnung unwirksam, indem es die Kaufleute zwang, die erworbenen Güter statt zu akkumulieren zu verteilen. Solange die Kaufleute das Prestige der Krieger anerkannten und selber danach trachteten, mußten sie in dem Geschenk- und Bankettzyklus (vgl. S. 75 ff) mitmachen und waren außerstande, ihr Kapital zu behalten. Da Soustelle die Meinung vertritt (vgl. die letzte Anmerkung), die Kaufleute hätten nicht nach Ansehen gestrebt, und da dieses Moment wichtig für die Beurteilung der Beziehungen zwischen Kriegern und Kaufleuten ist, wollen wir näher darauf eingehen.

„War es gar viel, was er (der Kaufmann; M. E.) besaß, was er an irdischem Gut reichlich bekommen hatte, dann hinderte ihn nichts am Gebrauch der Hände und Füße"[66], der Füße vermutlich, um zu den Leuten zu gehen, der Hände, um zu geben. Glaubte er sogar genug erworben zu haben, so daß er ein Menschenopfer darbringen konnte, um seinen sozialen Rang zu erhöhen, so wandte er sich an die Anführer der Kaufmannschaft und diese gewährten vorerst einmal Einblick in seine Besitzverhältnisse: „Junger Mann! Da bist du ja! Wie wollten wir uns weiter nach dem erkundigen, was du uns über die Truhe und Rohrkasten unseres Herrn, Huitzilopochtli, erzählt hast! . . . Daß wir doch einen Blick in deine Kisten und Kasten werfen könnten! Das wäre recht und billig, denn wir sind die Alten!"[67]. Aber nicht nur den Oberhäuptern, sondern auch der Öffentlichkeit wurde der Reichtum gezeigt: „Und sie . . ., die Kaufleute . . . die reich waren, die bewerteten den Tag (4 Wind; M. E.) hoch und erwiesen ihm Ehre. Es war der gegebene Zeitpunkt, an dem sie alle ihre Kostbarkeiten an der Sonne wärmten. Sie legten ihr Grünedelgestein hin . . .; und dann alle Kleinodien; und alle die verschiedenen Daunenfedern und die Quetzalfedern . . . Und all dies Gut legten sie, stapel- oder stückweise, im Hof des Tempels ihres Stadtviertels auf kostbaren Gewändern zusammen"[68]. Diese Güter blieben aber nur zum geringsten Teil im Besitz des Kaufmanns; in den anschließenden ‚Banketten' kamen sie zur Verteilung: 800 bis 1200 Mäntel, 400 Schambinden nennt eine Quelle[69]. „Alle diese genannten Prunk-Mäntel und Prunk-Schambinden schenkte er den alten

---

66 Schultze–Jena (1952): 221
67 op. cit.: 229
68 Schultze–Jena (1950): 145
69 Schultze–Jena (1952): 221

Kriegern..., dem Oberrichter, den Veteranen... Diesen also, denen es zukam, schenkte das *Der*, der einen Sklaven opfern wollte. Gleichzeitig aber beschenkte er die Wortführer der Kaufmannschaft, die Sklaven-Opferer (gemeint sind die Sklavenhändler; M. E.) und alle Tarnkaufleute (also die, die sich im Feindesland als Einheimische tarnen; M. E.)... Von den allerorts in Städten wohnenden Kaufleuten, die er hätte beschenken müssen, lud er nur die von 12 Städten ein..."[70]. Aus einer Bemerkung bei Durán kann man schließen, daß diese Festlichkeiten die ganzen Ersparnisse aufzehren konnten, daß aber diese Sitte recht tief verwurzelt gewesen sein muß, denn sie wurde auch noch unter der Herrschaft der Spanier eingehalten: „... heutzutage gibt es unter diesen Indianern, besonders in Cholula, einen teuflischen Brauch. Die Kaufleute wandern zehn... oder zwanzig Jahre herum, sparen an die zweihundert oder dreihundert Pesos und nach all diesen Mühen, nach Hunger und schlaflosen Nächten, veranstalten sie ohne Grund und Anlaß (glaubt der Spanier; M. E.) ein feierliches Bankett, wofür sie all das ausgeben, was sie verdient haben. Was mich am meisten betrübt, ist, daß sie das genau wie in alten Zeiten tun, um ihren Namen Ehre zu machen und angesehen zu werden. Es wäre dennoch nicht so schlimm, wenn sie nicht jeweils den Tag abwarten würden, an dem in alter Zeit ihr Idol gefeiert wurde..."[71].

Der Höhepunkt aller Festlichkeiten bildete die Opferung eines Sklaven. Als Begründung hören wir: „Seht, ich wünsche auf das Antliz des Unheimlichen, Huitzilopochtlis, einen Blick zu werfen. Ist mir doch... ein Weniges von dem Besitz unseres Herrn und Gebieters zuteil geworden. Irgendwo will ich nun etwas aufwenden, etwas verschleudern (wörtlich: ins Wasser werfen) und doch dabei gewinnen"[72]. Die eigentliche Opferzeremonie interessiert uns in diesem Zusammenhang nicht, eine Einzelheit aber verdient unsere Beachtung. Kamen die Opfersklaven im Tempel an, so mußten sie — bevor man sie tötete — mit Kriegern kämpfen. Das gehörte durchaus zum Zeremoniell. Auffallend scheint uns jedoch folgendes: „Wenn nun Einer von Denen, die dort im Tempel Vitzcalco waren, (also einer der Krieger) einen der Opfersklaven zum Gefangenen gemacht hatte, dann wurde an Ort und Stelle geurteilt und endgültig ausgesprochen, wie hoch der Kaufpreis des Sklaven sei. Wenn der ... Opfersklaven-Besitzer ebensoviel zahlte, dann wurde ihm sein Opfersklave überlassen. Aber wenn er nichts aus seinem Mantel herausholte, dann wurde das Fleisch des Sklaven dort im Tempel Vitzcalco verzehrt (und das bedeutete, daß der Kaufmann von diesem Opfer nichts hatte; M. E.)"[73]. Wir möchten diesen Sachverhalt so interpretieren, daß die Kaufleute nie ganz sicher waren, ob sie die Opferung tatsächlich zu ihrem eigenen Nutzen durchführen konnten — im letzten Augenblick noch war alles ungewiß. Wir vermuten, daß hier das Mißtrauen der Krieger gegenüber den Kaufleuten zum Ausdruck kommt. Deren Sklaven waren ja von ihnen nicht erkämpft, sondern bloß gekauft worden, und deshalb nicht ganz vollwertig. Bezeichnenderweise waren diese Sklaven auch diejenigen, die erst am Schluß geopfert wurden[74].

---

70 ebenda
71 Durán (1867): Bd. II/LXXXIV/125. Román y Zamora erwähnt auch, manche Kaufleute hätten sich so in Schulden gestürzt, daß sie sich als Sklaven verkaufen mußten (I. Bd. I/XV/S. 171). Ebenso Motolinía (1831–48): 31–32
72 Schultze-Jena (1952): 229
73 op. cit.: 237
74 op. cit.: 239

Bevor wir uns der Reaktion der Gesellschaft und damit auch dem Konflikt zwischen Kriegern und Kaufleuten zuwenden, möchten wir die Funktion des Prestiges in diesen besprochenen Zusammenhängen näher betrachten. Prestige erscheint hier als ein Regulationsmechanismus[75], der die Kapitalakkumulation verhindert, indem er Großzügigkeit und die Verteilung der erworbenen Güter zur Bedingung macht, um in den Ruf des Vorbildlichen zu kommen. Deutlich zeigt sich ein charakteristisches Merkmal der aztekischen Wirtschaft: sie akkumuliert nicht, sondern ‚verschwendet'[76]. Den vorhin zitierten Satz: ,,Irgendwo will ich nun ... etwas verschleudern (...) und doch dabei gewinnen" könnte man deshalb geradezu als ihr Prinzip betrachten; ihr Überfluß, bzw. ihr Mehrprodukt wurde in einem beträchtlichen Maße wirtschaftsfremden, nämlich gesellschaftlichen Zwecken zugeführt; es wurde nicht investiert, sondern konsumiert, und zwar um einen bestimmten Rang in der Gesellschaft einzunehmen. Damit aber wurde der *wirtschaftliche* Wandel aufgehalten und eine weitgehende Stabilität erreicht. Geht man davon aus, daß der Kulturwandel nur in dem Rahmen möglich ist, der durch die Wirtschaft festgesetzt wird, so hat das Prestige die Funktion, diesen Rahmen immer wieder von neuem zu reproduzieren und dadurch die bestehenden Verhältnisse zu konservieren[77]. Die unerhörte Wirksamkeit des Prestiges ist in eben diesem Umstand zu suchen. Indem es zwischen Religion, Herrschaft und der Wirtschaft als die Basis der beiden anderen vermittelte, schweißte es diese drei Bereiche der Kultur aufs engste zusammen. Aber diese Aufgabe konnte das Prestige nur deshalb erfüllen, weil es im Individuum verwurzelt war. Das Prestige verinnerlichte die Struktur der Wirksamkeiten zwischen Religion, Herrschaft und Wirtschaft im Individuum. Wie dies vonstatten geht, versuchten wir am Verhalten der Kaufleute aufzuzeigen. Das Prestige zwang den Beherrschten das Selbstverständnis derjenigen auf, die auf Grund einer ganz bestimmten Konstellation von Religion, Herrschaft und Wirtschaft ihre Macht ausübten. Indem sich aber die Kaufleute als Krieger verstanden, konnten sie die Herrschaft der Krieger nicht in Frage stellen und wurden auf diese Weise integriert. Mit Hilfe der subtileren Methoden des Prestiges wurden die Kaufleute also unterworfen.

2.2.2. Prestige: Schaffung neuer Bedürfnisse und Differenzierung der Gesellschaft

Wenn Religion, Herrschaft und Wirtschaft tatsächlich so genau aufeinander abgestimmt waren und das Prestige dieses Verhältnis konservierte, war dann noch irgend ein Wandel möglich? Wir sahen, daß sich die Kaufleute mit den Kriegern identifizierten. Folge dieser Identifikation war natürlich, daß sie einen Anteil an der Macht beanspruchten, und eben das wurde zur Ursache des Konflikts zwischen den beiden Gruppen. Die Krieger, bestrebt, ihr Machtmonopol zu wahren, waren nicht bereit, die Bemühungen der Kaufleute voll anzuerkennen. Diese Ablehnung warf jedoch die Kauf-

---

75 Poirier (1968 a): 8
76 Poirier (1968 b) betont die Bedeutung dieses wirtschaftlichen Verhaltens. Zu den drei Sektoren: Produktion, Konsumation, Verteilung möchte er als vierten Zerstörung der Güter einführen. In diesem Bereich ist das Zeigen (ostentation), der Bezug auf die Gesellschaft, der sinngebende Faktor (S. 868 ff).
77 Poirier (1968 a): 8; ,,Man kann feststellen, daß der soziale Apparat das Prahlen (ostentation) als einen Mechanismus verwendet, um automatisch das Verhalten zu regulieren; solange er wirkt, wird der Fortschritt gehemmt werden".

leute auf sich selber zurück und machte ihnen deutlich, daß es zwischen ihnen und den Kriegern offenbar doch noch Unterschiede gab. Diese Differenz aber wäre der beste Kristallisationspunkt gewesen, um den herum sich ein neues Selbstbewußtsein hätte bilden können. Ein weiterer Faktor, der an dieser Entwicklung einen wesentlichen Anteil hatte, war die Gewalt. Die Krieger als die Gewalthaber der aztekischen Gesellschaft versuchten, die Kaufleute mit Gewalt von der Durchsetzung ihrer Ansprüche abzuhalten. Aber gerade dadurch kam, sozusagen als Motor des Wandels, die Dialektik zwischen Unterdrücker und Unterdrückten ins Spiel. Und schließlich ist noch ein letzter Umstand zu berücksichtigen: die aztekische Form des Prestiges war nicht statisch, sondern dynamisch. Sie erfüllte nicht nur bestimmte Bedürfnisse, sondern schuf ständig auch neue. Der Aufwand, der gleichsam das Medium der Botschaft der Vorbildlichkeit war, machte die Kaufleute, welche die dazu notwendigen Güter herbeischaffen mußten, den Kriegern unentbehrlich. Das Prestige schuf so zwischen Kriegern und Kaufleuten eine Abhängigkeit, die der Anwendung von Gewalt Grenzen setzte, aber letztlich den Konflikt immer nur noch mehr verschärfte.

2.2.2.1. Die Reaktion der Krieger auf das Prestigestreben der Kaufleute und die Dialektik der Gewalt

Eine erste Vorstellung über die Einstellung der Krieger gegenüber den Kaufleuten konnten wir bereits dem Zitat von Durán entnehmen. Dort hieß es: „Die dritte und am *wenigsten ehrenvolle* Möglichkeit (Prestige zu Gewinnen; M. E.) war der Handel". Noch deutlicher geht ihr Mißtrauen aus folgender Beschreibung hervor: „Und wenn es Nacht geworden war, kamen die alten Kaufleute und die alten Weiberchen der Kaufleute zusammen. Und wenn sie sich betrunken hatten, dann gebärdeten sie sich gar hochmütig, machten empfangene Wohltaten einander zum Vorwurf, protzten gegenseitig mit ihrem Reichtum, mit den Kämpfen, die sie zu bestehen hatten, mit ihrer Mannhaftigkeit. (...) Dazu sind sie auch noch hochmütig: Keines, nicht eines einzigen Menschen Urteil ist ihrer Beachtung wert ... Ganz für sich abgeschlossen wollen sie die Hauptpersonen sein, schließen sich alle in Vornehmheit zusammen, sind alle selbstbewußt und überheblich. Sie verständigen sich nur untereinander; niemand sonst redet mit ihnen ..., wenn er nicht selbst ein Kaufmann ist ..., wenn er nicht in großem Überfluß lebt ..."[78]. Zu dieser Einstellung mag das zwielichtige Verhalten der Kaufleute beigetragen haben. Bei ihrer Rückkehr verbargen sie die Güter, die sie heimgebracht hatten: „Aber wieviel Besitz einer hatte, sah niemand recht; womöglich in einem einzigen Boot verbarg er ihn ..."[79]. Die Waren brachte er auch nicht in sein eigenes, sondern in eines Freundes Haus[80]. „Der Eigentümer bekannte sich nicht zu seinem Eigentum ... tat als ob er keinen Anspruch darauf hätte" und gab an, alles gehöre den Oberhäuptern der Kaufmannschaft[81]. „Auf diese Weise (gebärdeten sie sich), wie wenn sie keine Kaufherrn wären, benahmen sich sehr maßvoll, überhoben sich nicht, erniedrigten sich vielmehr ... Sie ersehnten

---

[78] Schultze–Jena (1950): 145–147
[79] Schultze–Jena (1952): 205
[80] ebenda
[81] ebenda

nicht Ehre, noch Ruhm. Ihre abgetragenen Mäntelchen waren gar kümmerlich; gar sehr fürchteten sie das Gerede, die Ruhmeserhebung der Leute"[82]. Wie kann man sich dieses Verhalten erklären? Deutet es — wie Soustelle und Katz meinen — auf die völlig verschiedene Einstellung der Kaufleute, die letztlich doch ihren Besitz behalten und nicht verteilen wollten? Wir glauben, daß man es anders verstehen muß. Die Kaufleute verbargen ihren Reichtum nicht, um Investitionskapital zu akkumulieren, sondern um möglichst viel für die Krönung ihrer Laufbahn, das Opferzeremoniell samt all den Banketten, aufzusparen. Je mehr sie den Zeitpunkt hinausschieben konnten, desto mehr Güter hatten sie zur Verfügung für ihre Feste, und desto höher war das Ansehen, das sie dann beanspruchen konnten. Bis dahin aber zogen sie es vor, unauffällig zu bleiben — der Überraschungseffekt würde dann nur umso größer sein[83]. Wir vermuten, daß die Kaufleute durch ihr ganzes Benehmen die Krieger geradezu zu einem potlacharti gen Wettbewerb herausforderten, denn die Krieger mußten dann ihrerseits natürlich auch die Kaufleute, zu deren Feste sie selber erschienen waren, einladen. Von Zeit zu Zeit aber wußten sich die Krieger nicht anders zu helfen, als dadurch, daß sie die Kaufleute überfielen: „Wenn aber ihre (der Kaufleute; M. E.) Lebensführung... schlecht wurde, dann war... (Montezuma) unzufrieden: mit Lügen... mit überraschender Fallenstellerei verurteilte er die Tarnkaufleute... und tötete sie daraufhin. Um keiner Sünde willen, sondern aus Mißgunst. Es sollten auch dadurch die Muschelgeschmückten, die Otomítapferen größer werden, damit durch sie sich sein Herren- und Herrschertum ausdehne und wachse"[84]. Diese Maßnahmen aber stellten nur die eine Seite der Medaille dar; die andere war Bewunderung und Hochachtung, nicht zuletzt weil ja die Luxuswaren der Kaufleute „für den Adel fast lebenswichtig" geworden waren[85]. Von Ahuitzotl (1486—1503) hieß es, daß er sie sehr liebte und den Edelleuten gleichstellte[86]. Motecuhzoma ehrte die Kaufleute ebenfalls — wenn auch offenbar mit Vorbehalten —: „er wies ihnen zu seiner Seite und ganz in seiner Nähe ihre Plätze an"[87]. So durften sie auch die gleichen Abzeichen wie der Adel selber tragen, den achatenen Lippenpflock, den Quetzalohrschmuck und die geschmückten Mäntel und Schambinden[88].

Wir sehen also, daß die Beziehungen zwischen Kriegern und Kaufleuten ambivalent und sehr gespannt waren. Blickt man auf deren Geschichte zurück, so erkennt man, daß diese Spannungen auch in die Vergangenheit hinein reichten. Die Kaufleute hatten ihren Wohnsitz hauptsächlich in Tlatelolco, wo sich auch der große Markt befand. Dieses Tlatelolco hatte aber nicht immer zu Tenóchtitlan gehört; es war erst entstanden, als sich eine Gruppe wegen Differenzen mit den Azteken abgespalten und im naheliegenden Tlatelolco niedergelassen hatte (vgl. S. 83). Damals war als Gegenreaktion bei den Azteken die Zentralinstanz des ‚Königtums' geschaffen worden, um weitere, die Gemeinschaft schwächende, Abspaltungen zu

---

82 op. cit.: 207
83 Auf ein anderes Motiv macht Katz (1956): 71 aufmerksam. Die Kaufleute verbargen ihre Gewinne, um keine allzu hohen Abgaben an die Krieger entrichten zu müssen.
84 ebenda
85 Katz (1956): 69
86 Schultze—Jena (1952): 191
87 op. cit.: 195
88 op. cit.: 169, 195

verhindern. Tlatelolco allerdings blieb selbstständig und machte offensichtlich eine ähnliche Entwicklung wie Tenóchtitlan durch. So war es nicht verwunderlich, daß die eine Stadt die andere als gefährliche Konkurrenz betrachten und bekämpfen mußte. Die aztekischen Quellen bezeichneten die Einwohner von Tlatelolco als streitsüchtig, unmenschlich und neidisch[89] und gaben ihnen die Schuld am Krieg, der 1473 mit der Eroberung Tlatelolcos durch die Azteken beendet wurde[90]. Wären aber Quellen von Tlatelolco erhalten geblieben, so hätten sie wahrscheinlich Tenóchtitlan beschuldigt[91]. Auf jeden Fall blieben die Azteken unter Axayacatl (1469—1481) Sieger und stellten gewaltsam die frühere Einheit wieder her. Tlatelolco verlor seine politische Autonomie und wurde von einer Art aztekischer Gouverneure kontrolliert[92]. Wirtschaftliche Folge dieser Eroberung war, daß Tlatelolco tributpflichtig wurde. Gemäß dem mexikanischen Kriegsrecht töteten und zerstörten die Krieger so lange bis die Unterlegenen ‚freiwillig' die Tributhöhe so festlegten, daß die Eroberer zufrieden waren[93]. Ebenso war es auch in Tlatelolco geschehen[94]. Die Höhe des Tributs war beträchtlich; gefordert wurden Kriegsleistungen und Palastdienst, und neben Kleidern und Eßwaren mußten die Eroberten jeweils einen Fünftel der Einnahmen des großen Marktes den Azteken abliefern. Allein dieser Teil des Tributs — meinte Tezozómoc — hätte den Einkünften von hundert Ortschaften entsprochen[95]. Durán erwähnt noch, daß, als die ersten Leistungen fällig geworden waren und diese nicht wie abgemacht durch Sklaven nach Tenóchtitlan gebracht wurden, die Azteken den Adel von Tlatelolco sofort mit derart demütigenden Strafen belegten, daß sie sich von da an besonders Mühe gaben, den Forderungen nachzukommen[96].

Diese historischen Hintergründe sind wichtig für das Verständnis des Verhältnisses zwischen Kriegern und Kaufleuten, denn in ihnen wird das Ausmaß an Gewalt sichtbar, das dieses Verhältnis tatsächlich bestimmte. Die zeitweiligen Überfälle waren nur kleinere Manifestationen einer viel größeren latenten Gewalt: als Eroberte hatten die Einwohner von Tlatelolco ihr Leben eigentlich verwirkt; sie durften sich zwar durch die Tribute immer wieder loskaufen, aber den Preis setzten die Azteken von Tenóchtitlan jeweils fest, und dazu konnten sie jederzeit wieder losschlagen. Nur unter dem Druck der Gewalt war die größere Einheit Tenóchtitlan-Tlatelolco entstanden — mit ihr aber wurde auch die Dialektik der Gewalt wirksam.

Unter der ‚Dialektik der Gewalt' verstehen wir den Zusammenhang, in welchem die zunehmende Unterdrückung auch die Bedingungen zur Befreiung von dieser Unterdrückung vorbereitet. Im Falle der Azteken sah dieser Prozeß so aus, daß die erfolgreiche Anwendung der Gewalt ins Bewußtsein der Herrschenden zurückschlug und es transformierte, indem die

---

89 Tezozómoc (1949): 105/S. 76
90 Tezozómoc (1878): XLV/391 ff; ebenso McAffee, B., Barlow, R. H. (1945): 193 ff.
91 vgl. Oviedo ((1959): IV/XXXIII/XLVI/S. 222). Er scheint sich auf Angaben von Gegnern der Azteken zu stützen, die diese beschuldigten, Tlatelolco aus reiner Willkür überfallen zu haben.
92 Barlow (1946): 412—415
93 vgl. Medieta (1870): II/XVI/129
94 Tezozómoc (1878): XLV/393
95 op. cit.: XLVI/396
96 Durán (1867): I/XXXIV/270—271

Gewalt zur Intensivierung der Selbstdarstellung dieser Herrschenden herausforderte. Erstens, weil das Gefühl der Überlegenheit nach einem adäquaten Ausdruck suchte, um so die Unterlegenheit der anderen zu unterstreichen (intentionaler Aspekt), und zweitens, weil die Zunahme der Gewalt ja auch den verstärkten Einsatz verschleiernder Mittel, insbesondere des Prestiges, erforderte (funktionaler Aspekt). Prestige ist aber nichts anderes als eine bestimmte Art der Selbstdarstellung. Die Unterdrückten lieferten die Mittel dazu und oft auch das Publikum, vor dem sich die Herrscher produzierten. Auf diese Weise entstand eine neue Form der Abhängigkeit zwischen Herrscher und Beherrschten. Diese Entwicklung kann man zum Beispiel im Zusammenhang mit den religiösen Festlichkeiten verfolgen. Immer mehr wurden sie zu einem Akt der Selbstdarstellung der Krieger, zu einem ‚Beweis' für ihre gesellschaftliche und religiöse Notwendigkeit. Je größer die Siege, desto imponierender mußten die religiösen Feste werden. Folgt man den Beschreibungen von Sahagún, so kann man sagen, daß in Tenóchtitlan das ganze Jahr hindurch, Tag für Tag, solche Feste gefeiert wurden. Der wirtschaftliche Aufwand, der dazu nötig war, konnte jedoch nur mit Hilfe der Kaufleute gedeckt werden. Die religiösen Feste, die die bestehenden Gewaltverhältnisse verschleierten, schufen somit die Voraussetzungen für die Befreiung der Kaufleute: dadurch, daß die Krieger so auf die Kaufleute angewiesen waren, mußten sie ihnen Privilegien, und das heißt Macht, einräumen. Das bedeutendste Privileg war zweifelsohne das Recht auf eine eigene Gerichtsbarkeit: über Kaufleute durften nur Kaufleute richten[97]. Das war ein wesentlicher Schritt, um von den Kriegern unabhängig zu werden[98]. Dazu besaßen sie auch die Exekutive, wenigstens im Gebiet des Marktes: „Gehörig verurteilten sie denjenigen, der jemanden auf dem Markt täuschte... oder der stahl..."[99]. Sie verfügten aber auch über eine eigene militärische Organisation zum Schutz ihrer eigenen Unternehmungen[100]. Und schließlich werden sie mit ihren Adelsrechten vermutlich auch eigene Ländereien besessen haben[101].

Die wirtschaftliche Abhängigkeit der Krieger von den Kaufleuten bedingte deren Reaktion auf das Prestigestreben der Kaufleute. Die Ambivalenz dieser Reaktion hing mit der Gewalt zusammen, die dieser wirtschaftlichen Abhängigkeit zugrundelag. Einerseits mußten die Krieger die Kaufleute anerkennen, weil sie deren Güter brauchten, um ihre Machtstellung zu demonstrieren, andererseits aber hatten sie die Kaufleute zu fürchten, weil diese immer mehr Machtmittel in die Hand bekamen, so daß sie für die Stellung der Krieger bedrohlich werden konnten.

2.2.3. Wirtschaft und Herrschaft in einer Kriegergesellschaft

Wie der Kampf um die Herrschaft ausgeht, entscheiden letztlich die wirtschaftlichen Verhältnisse: es wird sich diejenige Gruppe durchsetzen, die am längeren wirtschaftlichen Hebel sitzt. Auch die Art und Weise, wie der

---
97 Schultze–Jena (1952): 195. Ob die Kaufleute allerdings eigene, von den Kriegern verschiedne Gesetze entwickelt haben, ist nicht festzustellen.
98 Über die Bedeutung der eigenen Gerichtsbarkeit für die Entwicklung der Kaufleute in Europa vgl. Pirenne (o. J.): 56 ff.
99 Schultze–Jena (1952): 197
100 ebenda
101 vgl. Katz (1956): 73

Kampf ausgetragen wird, hängt von der Wirtschaft ab. Um den Konflikt zwischen Kriegern und Kaufleuten richtig beurteilen zu können, müssen wir also das ökonomische Kräftespiel analysieren. Da wir uns in diesem Bereich auf die gut dokumentierten Arbeiten von Katz (1956), Soustelle (1957) und López (1961) stützen können, dürfen wir uns kurz fassen, da wir nur die *Eigenbewegung* der aztekischen Wirtschaft deutlicher herausstellen müssen.

Das Aufkommen der Großkaufleute wurde von folgender Entwicklung innerhalb der Wirtschaft getragen: die Azteken kümmerten sich immer weniger um die Produktion von Gebrauchswaren und wandten dafür ihre Kräfte immer mehr der Herstellung von Luxusgütern zu[102]. Die aztekischen Handwerker stellten zur Hauptsache Gold-, Feder- und Steinarbeiten her[103] für die ein enormes Bedürfnis bestand; man braucht bloß Sahagúns Berichte über die Jahresfeste[104] oder Selers Untersuchung über Federarbeiten zu lesen[105] um annähernd zu ermessen, welche Unmengen davon benötigt wurden. Dazu kam, daß die Arbeit der Bauern, durch die die lebensnotwendigen Gebrauchswaren hätten produziert werden müssen, verachtet wurde[106]. Mit der zunehmenden Macht der Azteken sank sie immer mehr zu einer Arbeit, die den unterworfenen Völkern übertragen wurde. Wer es deshalb irgendwie vermochte, versuchte — angespornt von den gesellschaftlichen Idealen — als Krieger sein Glück zu machen. Wenn aber weder der aztekische Bauer noch der Handwerker die für die Kultur lebensnotwendigen Waren produzierten, so konnten diese also nur durch Handel und Kriegstribute herbeigeschafft werden. Es wäre nun möglich gewesen, die von den Einwohnern Tenóchtitlans benötigten Gebrauchsgüter gegen die dort produzierten Luxusgüter einzuhandeln. Dann hätten die aztekischen Kaufleute die entscheidende Machtposition in der Wirtschaft eingenommen. Das aber war nicht der Fall. Nicht durch den Handel, sondern durch den Krieg gelangten die Gebrauchsgüter nach Tenóchtitlan[107]: die aztekischen Krieger unterjochten die umliegenden Völkerschaften, zwangen diese für sie zu arbeiten und Lebensmittel, Kleidung und Rohstoffe wie Gold, Edelsteine, Federn, etc. zu liefern. Auf diese Weise gerieten die Azteken in eine immer größer werdende Abhängigkeit, und zwar in eine *einseitige* Abhängigkeit von den besiegten Völkern, denn die Azteken sorgten für *keine wirtschaftlichen Gegenleistungen*. Ein circulus vitiosus, aus dem die Beziehung zwischen Herrschaft und Wirtschaft deutlich ersichtlich wird, kam in Schwung: je abhängiger die Azteken wurden, umso mehr waren sie auf die Krieger angewiesen, umso wirksamer und umfassender

---

102 Unter Luxusgütern verstehen wir solche, deren Besitz Prestige einbringt, also z. B. Gold- oder Federschmuck. Unter Gebrauchswaren verstehen wir hingegen solche, die zwar für das Bestehen einer Kultur wichtig sind, aber für den Erwerb von Ansehen als bedeutungslos erachtet werden, z. B. Nahrungsmittel wie Mais oder Bohnen oder Alltagskleidung.
103 Katz (1956): 52; Soustelle (1957): 93 ff
104 Sahagún (1927): 54 ff
105 Seler (1904): II. Band: 509 ff
106 Soustelle (1957): 98; Katz (1956): 90
107 vgl. Peñafiel (1890): 69 ff. Dort findet sich eine Zusammenstellung der durch Tribute nach Tenóchtitlan gelangten Güter. Ebenso Clark (1938): 87 ff; Katz (1956): 89 berechnete, daß die auf diese Weise eingeführte Menge von Mais, Bohnen u. a. allein ausgereicht hätte, um über 300 000 Menschen während eines Jahres zu ernähren. Auch die Kleidermenge war beträchtlich. Soustelle (1957): 99 stellt fest, daß diese Tribute auch der Plebs zu Gute kamen.

wurden die Herrschaft und die Ideale der Krieger, desto weniger achtete man folglich die *Eigen*produktion der Gebrauchswaren, und so wuchs die Abhängigkeit immer weiter an: Der Krieg wurde zu *der* wirtschaftlichen Notwendigkeit und auf diesen Umstand stützte sich die Herrschaft der Krieger[108].

Wir können hier auf einen charakteristischen Zug der Kriegerkulturen hinweisen. Bei ihrer Reproduktion sind sie auf andere Kulturen angewiesen und sind also nicht autonom. Durch siegreich durchgeführte Kriege kommt es zu (wirtschaftlichen) Wertkonzentrationen auf der Seite der Eroberer, die der Entfaltung der Gesellschaft, der Kunst, der Religion und anderer Sparten des Oberbaus günstig sind, aber immer auf Kosten der Entwicklung der eroberten Völker. Dagegen wird der wirtschaftliche Fortschritt, insbesondere im Bereich der Produktivkräfte, gehemmt. Solange nun die unterworfenen Völker genügend hergeben, kann sich die Kriegerkultur entfalten, sind aber jene Kräfte erschöpft oder stellt sich ein militärisches Gleichgewicht ein oder entstehen neue Bedingungen (wie zum Beispiel durch die Conquista), dann bricht eine solche Kultur leicht und *gründlich* zusammen.

Welche Rolle spielte nun das Prestige in diesem Zusammenhang? Wir haben auf die Verbindung zwischen Prestige und Luxusgütern hingewiesen[108a]. Auf Grund dieser Beziehung förderte das Prestige der Krieger die skizzierte Entwicklung. Seine wichtigste latente Funktion bestand darin, daß es beitrug, die Eigenproduktion von Gebrauchswaren zu unterbinden, die Luxusgüter in den Vordergrund zu stellen, den Handel zwischen diesen beiden Arten von Waren zu verhindern und damit den Krieg und die Krieger zur wirtschaftlichen und gesellschaftlichen Notwendigkeit zu machen.

Wie schon angedeutet, produzierten diese Prozesse selber diejenigen Elemente, die zu ihrem Absterben führen mußten. *Erstens* dadurch, daß die Masse der Unterworfenen anwuchs, und zwar ohne daß die Technik der Unterdrückung – die ja letztlich vom Stand der in diesen Kulturen stagnierenden Produktivkräfte abhing – weiter ausgebildet worden wäre. Mit der zunehmenden Unterdrückung wuchs auch die Gefahr einer die Azteken vernichtenden Gegenreaktion der Unterdrückten[109]. *Zweitens* resultierte aus diesen Prozessen *eine* gesellschaftliche Differenzierung. Priester, Kaufleute und Handwerker schlossen sich zu Gruppen zusammen, welche mit der Zeit andere Interessen als diejenigen der Krieger vertraten. Damit trat zu der äußeren Bedrohung die innere Spaltung, welche ebenfalls die Herrschaft der Krieger und die Bedingungen, auf welchen sie ruhte, infrage stellte.

---

108 López (1961): 45 „Als Tizoc (1481–1486) zur Macht kam, waren die Kriege bereits unentbehrlich für die mexikanische Wirtschaft geworden." Auf Seite 124 ff folgt eine Zusammenstellung der Staatsausgaben, ebenso Katz (1956): 95 ff.
108a vgl. Anm. 102
109 Eine Entwicklung wie die eben beschriebene weist die Stadt Azcapotzalco auf. Einst Nachfolgestadt von Teotihuacán. Willey, Ekholm, Millon (1964): 471–72, verlor sie eine Zeitlang die Vormacht, bis sie in der Mitte des 14. Jahrhunderts wieder eine Großmachtpolitik betrieb. Vaillant (1957): 82. In den Azteken aber, die ebenfalls unter dem Joch Azcapotzalcos standen, erwuchs ihr ein Feind, der ihre Macht brach (vgl. S. 76). Dieser aztekische Sieg schuf die wirtschaftliche Grundlage für die Entfaltung Tenochtitlans. Es ist anzunehmen, daß früher oder später den Azteken das gleiche Schicksal widerfahren wäre. Auf jeden Fall hätten die Spanier nicht so schnell siegen können, wenn sie nicht die Hilfe der von den Azteken unterworfenen Völker bekommen hätten.

Erst diese Entwicklungen erlauben uns, den Stellenwert des Konfliktes zwischen Kriegern und Kaufleuten und die Funktion des Prestiges innerhalb der ganzen Kultur zu bestimmen. Die Kaufleute schufen die *objektiven* Voraussetzungen für einen Wandel, der den Krieg durch den Handel ersetzen und damit die ganze wirtschaftliche Struktur der aztekischen Gesellschaft hätte verändern können. Dadurch aber wäre der Herrschaft der Krieger die Basis entzogen worden, und aus diesem Grunde mußten sie dieser ganzen Entwicklung Einhalt gebieten. Dieser Umstand prägte die gesellschaftliche und weltanschauliche Situation zu der Zeit, da die Spanier ins Land kamen. So möchten wir z. B. auch die unerhörte religiöse Verhärtung, die in den maßlosen Menschenopfern zum Ausdruck kam, auf die bedrängte Lage der Krieger zurückführen, die nun mit allen Mitteln ihre Legitimation zur Herrschaft zu beweisen versuchten (vgl. S. 69). Betrachten wir jedoch die *subjektiven* Bedingungen dieses Kulturwandels, so müssen wir feststellen, daß diese noch nicht so weit gediehen waren, daß ein Umsturz tatsächlich hätte möglich werden können, und hier spielte das Prestige seine wesentliche, doppeldeutige Rolle. Indem es mithalf, die Werte der herrschenden Klasse im Bewußtsein der Gesellschaft zu verankern, verhinderte es einerseits, daß die bereits vorhandenen objektiven Bedingungen den Trägern der neuen Entwicklung auch hätten bewußt werden können, und andererseits förderte es die fortschreitende Differenzierung der Gesellschaft, also die weitere Ausbildung der objektiven Bedingungen. Hinzuzufügen ist hier noch, daß sich zwar Ansätze eines neuen Bewußtseins fanden (vgl. S. 54, 61, 81), aber die Eroberung durch die Spanier ihre fernere Entfaltung unterband.

2.3. ZUSAMMENFASSUNG

Da wir im ersten und zweiten Teil dieser Arbeit Sinn und Funktion jeweils getrennt dargestellt haben, mußte der Charakter des Prestiges als „fait social total" in den Hintergrund treten, obwohl dieser Wesenszug natürlich Voraussetzung unseres ganzen Vorgehens war. Nur so konnten wir die Beziehungen zwischen dem Prestige und der Wirtschaft, Gesellschaft sowie der Religion im Einzelnen analysieren. Nun möchten wir aber wieder diesen ganzheitlichen Aspekt in den Vordergrund stellen, um das Charakteristische am aztekischen Prestige hervorzuheben. Wir benützen diese Gelegenheit auch, um die Hauptthesen dieser Arbeit kurz zusammenzufassen.

1. These

Das Phänomen des Prestiges darf nicht isoliert, sondern nur im Zusammenhang der ganzen Kultur, insbesondere des Verhältnisses zwischen Wirtschaft, Gesellschaft und Religion betrachtet werden.

Wir hatten das Prestige als einen Ort bezeichnet, an welchem Wirtschaft, Gesellschaft und Religion auf einer der entsprechenden Kultur spezifischen Art und Weise zusammenstoßen und aufeinander wirken würden (vgl. S. 43). Wir sahen, daß in der aztekischen Kultur das Verhältnis dieser drei Potenzen folgendermaßen aussah: Grundlage der Wirtschaft war der Krieg. Durch ihn wurden die hauptsächlichsten Mittel herbeigeschafft, welche die weitere wirtschaftliche (Handwerkertum) und gesellschaftliche Differenzierung gestatteten. Ein Produkt dieser Entwicklung, die Klasse der Krieger, benützte nun seine Macht, um den Wandel der Wirtschaft und Gesellschaft zu verhindern, da dieser seine Stellung untergraben hätte. Diese Situation bestimmte dann auch die Rolle der Religion: als Glaube der Herrschenden sollte die Religion die bestehenden Zustände konservieren. Um die Prägung des Prestiges durch dieses Verhältnis zu erkennen, gehen wir am besten von der Definition des Prestiges (vgl. S. 33) aus.

Der aztekische Entwurf der Zukunft zeigte uns deutlich, daß die Azteken den Krieg als den eigentlichen Ursprung des Reichtums auffaßten (vgl. S. 55). Was dagegen durch Arbeit geschaffen worden war, Bewässerungsanlagen und Felder, wurde durch Huitzilopochtli selber zerstört (vgl. S. 55), denn es hätte die kriegerische Entfaltung des Volkes verhindert. Sichtbar wurde da auch die Rolle der Gewalt als Integrationsfaktor (vgl. S. 57). Charakteristisch für das Verhältnis der drei Potenzen zueinander war schließlich auch der Umstand, daß es mythologisiert werden mußte: die Götter selber lebten den Menschen das ideale Leben vor. Auf diese Weise hob die Religion dieses Verhältnis in eine für die Azteken unangreifbare Sphäre. — Als zweites Element des Prestiges bezeichneten wir das Wissen vom Wert des vorbildlichen Individuums. Dieser Wert implizierte die vorhin erwähnte Beziehung zwischen Wirtschaft, Gesellschaft und Religion. Gleiches gilt vom Bild des Individuums: als wertvoll wurden nämlich nur diejenigen Menschen erachtet, die dieses Verhältnis konservierten. Auch das Handeln, das dem Individuum durch die Verhaltenserwartung und der Gesellschaft durch die Verhaltensreaktion vorgeschrieben wurde, erhielt seinen Sinn aus jener Dreierbeziehung, und folglich trug dieses Handeln auch zur ständigen Reproduktion des Verhältnisses zwischen Wirtschaft, Gesellschaft und Religion bei.

Das Prestige als „fait social total" ist keine unveränderliche Größe. Und zwar kommt der Wandel nicht nur durch Veränderungen in einer der drei bedingenden Potenzen, sondern auch durch die Art des Verhältnisses zweier Momente des Prestiges: Sinn und Funktion, zustande.

2. These

Sinn und Funktion sind zwei Aspekte des Prestiges, sie stehen in einem dialektischen Verhältnis zueinander, wobei aber die Funktion der letztlich ausschlaggebende Faktor für die Beschaffenheit des Prestiges ist.

In diesem Zusammenhang bedeutet ‚dialektisch', daß die Funktion den Sinn in Frage stellt, negiert, der Sinn aber seinerseits die Funktion negiert[110]. Dieser innere Widerspruch zwischen Sinn und Funktion erweist sich als eine den Kulturwandel antreibende Kraft.

Als ursprüngliche Funktion des Prestiges kann man die Legitimation und Kontrolle der Herrschaft betrachten. Das war den Azteken bewußt und das heißt: der Sinn deckte sich mit der Funktion. Nun standen aber die Aufgabe der Legitimation, also der Machtbestätigung, und der Kontrolle, d. h. Machteinschränkung in einer gewissen Spannung zueinander, denn einerseits gab das Prestige Macht und andererseits grenzte es sie ein. Dieses schwierige Gleichgewicht wurde in dem Augenblick gestört, als durch Eroberungen neue Besitzverhältnisse entstanden (vgl. S. 91). Wir sahen, daß die Auflösung der Strukturen der Gegenseitigkeit die Kontrollfunktion des Prestiges zuerst erschwerte und dann immer mehr lähmte. Gleichzeitig

---

110 Marcuse (1962): 54, 116, 136; Gurvitch (1965): 37 ff

aber erhielt das Prestige durch die zunehmende Bedeutung der Gewalt für die Gestaltung der sozialen Beziehungen eine neue Funktion: Verschleierung der Gewalt (vgl. S. 88 ff). Dadurch wurde jedoch auch der Sinn neu bestimmt: das Prestige wurde in einen kosmischen Zusammenhang gestellt — wer Prestige hatte, war nicht nur gesellschaftlich angesehen, sondern unsterblich (vgl. S. 62 ff); der Krieg trug nicht nur zum Lebensunterhalt der Azteken, sondern zum Weiterbestehen des ganzen Kosmos bei (vgl. S. 66). Damit aber wurden latente, unbeabsichtigte Funktionen des Prestiges wirksam. Die gesellschaftliche Differenzierung wurde weitergetrieben, so daß die bestehenden Machtverhältnisse, die die Kriegerklasse begünstigten, immer weniger den wirtschaftlichen Verhältnissen (Tätigkeiten der Handwerker und Kaufleute) entsprachen. Diese Diskrepanz wurde größer und mit ihr auch die Notwendigkeit der Gewaltanwendung und ihrer Verschleierung durch das Prestige. So verschärften die Beziehungen zwischen Sinn und Funktion des Prestiges die vorhandenen gesellschaftlichen Gegensätze und wirkten auf diese Weise als ein Motor des Kulturwandels.

Bei der Behandlung des Verhältnisses zwischen Sinn und Funktion des Prestiges tauchte immer wieder das Problem der Beziehungen zwischen Wert und Wirklichkeit auf.

3. These

Das Prestige dient als Realisationsfaktor[111] derjenigen Werte, die die Herrschaft begründen, und vermittelt so zwischen der Vorstellung eines sinnvollen Lebens und den bestehenden Machtverhältnissen.

Bereits in der Einführung zitierten wir Max Webers Definition der Kultur: „Kultur ist ein vom Standpunkt der Menschen aus mit Sinn und Bedeutung bedachter endlicher Ausschnitt aus der sinnlosen Unendlichkeit des Weltgeschens" (vgl. S. 41). Im ersten Teil dieser Arbeit versuchten wir die ‚Welt' so wie sie vom aztekischen Krieger mit Sinn und Bedeutung belegt wurde, zu sehen. Daraus wurde ersichtlich, zu welch mächtigem Instrument der Macht das Prestige wurde, ließ es doch alle Handlungen, die nicht in Zusammenhang mit dem Krieg standen, als sinn- und wertlos erscheinen. So konnten auch die Kaufleute kein eigenes Selbstbewußtsein entwickeln und waren gezwungen, die Herrschaft der Krieger anzuerkennen. Das Prestige hilft also mit, die Wirklichkeit derart nach Werten umzugestalten, daß die Ausübung der Herrschaft möglichst erleichtert wird.

Versuchen wir das für die aztekische Kultur Charakteristische am Verhältnis zwischen Wert und Wirklichkeit zu bezeichnen, so wäre das der Umstand, daß diese Welt als eine Art Spiegelbild einer göttlichen Ordnung erschien, wobei sich die weltliche Ordnung nicht von alleine ergab, sondern von den Menschen ständig realisiert werden mußte. Auf diese Weise kam es zu einer eigentümlichen Verschmelzung zwischen Diesseits und Jenseits (vgl. S. 71 f), die eben jenen z. B. für das Christentum oder andere jenseitsausgerichtete Religionen typischen Gegensatz zwischen weltlichem und religiösem Handeln nicht aufkommen ließ. Dies äußerte sich darin, daß das aztekische Prestige aufs engste mit dem religiösen Kult verwoben war (vgl. S. 61 ff).

---
111 Scheler (1960): 21

In seiner ‚Soziologie' bezeichnet Simmel die Individuen als die „unmittelbar konkreten Orte aller historischen Wirklichkeit"[112]. Es ist ja das Individuum, das handelt und erlebt, und mit dessen Äußerungen wir uns auseinandersetzen. Aber das Individuum ist keine unbedingte Größe: „Die Menschen machen ihre eigene Geschichte, aber sie machen sie nicht aus freien Stücken, nicht unter selbstgewählten, sondern unter unmittelbar vorgefundenen, gegebenen und überlieferten Umständen"[113]. Geschichte erweist sich somit als ein Produkt der handelnden Individuen und der sie bedingenden Umstände. Das Problem, das sich in diesem Zusammenhang stellt, ist das der Einheit, bzw. der Kontinuität der Geschichte: Wenn es einzelne Individuen sind, die Geschichte machen — wie kommt es dann zu jener Einheitlichkeit, die uns erlaubt, von ‚den' Azteken oder von ‚charakteristischen Merkmalen' der aztekischen Kultur zu sprechen? Oder mit anderen Worten: Wie entsteht aus der individuellen Zufälligkeit geschichtliche Notwendigkeit?

4. These

Indem das Prestige als ein Produkt der bestehenden wirtschaftlichen, gesellschaftlichen und religiösen Verhältnisse das Handeln der Individuen leitet, zwingt es auch die Gesetzmäßigkeiten jener drei Potenzen diesen Individuen auf. So wird das Prestige zu einem Mittelglied zwischen den objektiven Gegebenheiten der Kultur und den handelnden Subjekten.

Wie wir sahen, war die Wirtschaft dadurch charakterisiert, daß die Gebrauchsgüter durch Kriegstribute herbeigeschafft werden mußten und sich die Produktion auf die Herstellung von Luxusgütern ausgerichtet hatte. Damit war zwar die aztekische Gesellschaft sozusagen ein Riese auf tönernen Füßen, trotzdem wurde aber die gesellschaftliche Differenzierung vorangetrieben. Notwendigerweise begünstigte diese Entwicklung das Aufkommen der Handwerker und Kaufleute, so daß ein Umschlagen der wirtschaftlichen Prozesse im Bereich des Möglichen lag — ein Umschlag, der den Krieg durch den Handel ersetzt hätte. Diese Tendenz konnte natürlich nur durch die Arbeit der Individuen realisiert werden. Es war das Prestige, das dieses Handeln antrieb, indem es jene Luxusbedürfnisse weckte, die nur durch diese neuen Klassen gestillt werden konnten. So verwirklichte das Prestige die Entwicklungsmöglichkeiten der Wirtschaft, wenn auch unbeabsichtigt, da diese Richtung ja nicht dem Sinn der Krieger entsprach. Was wir hier beschrieben haben, ist aber nichts anderes, als das was Hegel die ‚List der Vernunft' genannt hat: „Das ist die List der Vernunft zu nennen, daß sie die Leidenschaften für sich wirken läßt, wobei das, was durch sie sich in Existenz setzt, einbüßt und Schaden leidet"[114]. Welche Leidenschaften und Gefühle durch das Prestige angesprochen wurden (und nur dank diesen konnte es seine volle ‚Leistungsfähigkeit' entfalten), versuchten wir im ersten Kapitel, und was sie allmählich zersetzte — die Stellung der Krieger — im letzten Kapitel zu zeigen. Das zeigt deutlich, wie das Prestige ein wesentliches Hilfsmittel der List der Vernunft war.

---

112 Simmel (1908): 6
113 Marx (1965): 15
114 Hegel (1970): 49

Aus den möglichen objektiven Gegebenheiten möchten wir nur noch eine herausgreifen: die Tradition. Schon ein flüchtiger Blick auf aztekische Kunstdenkmäler erlaubt, sie als dem mesoamerikanischen Kulturkreis zugehörig zu erkennen, und auch die aztekische Kultur als Ganzes ordnet sich in den Rahmen der übrigen mesoamerikanischen Kulturen ein. Da wir nicht annehmen wollen, daß das rassisch bedingt war, müssen wir nach den Faktoren suchen, die eine solche Kontinuität produzierten. Kontinuität bedeutet ein „. . . Bewahren und Hinausgehen über das Bewahrte"[115], d. h. also ein Übernehmen dessen, was früher war und zugleich eine Fortentwicklung des Übernommenen. Ein Faktor, der diese Prozesse begünstigte, war sicherlich die Wirtschaftsform der altmexikanischen Hochkulturen, denn sie blieb mehr oder weniger konstant von ihren Anfängen an bis zur Zeit der spanischen Eroberung[116]. Diese wirtschaftliche Konstanz ermöglichte die Beibehaltung ähnlicher gesellschaftlicher, ästhetischer und religiöser Formen. Damit ist nun ein weiterer Umstand angedeutet, der für die historische Kontinuität notwendig ist: Bewußtsein. Kontinuität nämlich „schließt Sich-wissen ein"[117]. Ohne ein Wissen von der eigenen Vergangenheit gibt es keine Kontinuität. Dabei handelt es sich natürlich nicht um ein abstraktes, sondern um ein ständig ins Leben umgesetztes Wissen. Die Rolle, die das Prestige in diesem Zusammenhang spielt, ist offensichtlich: es ist gelebtes Wissen. Nach Prestige strebend realisierte das Individuum die überlieferten Mythen (vgl. S. 61 ff), also das Wissen von seiner Vergangenheit, und trug so zur Kontinuität, d. h. zur Erhaltung und Fortentwicklung seiner Kultur bei.

Aufgrund dieser vier Thesen kann man behaupten, daß das Prestige eine der formenden und treibenden Kräfte der Geschichte ist. Die Analyse des Prestiges erlaubt somit, die *innere* Struktur und Bewegung einer Kultur darzustellen.

---

115 Gadamer (1965): 197
116 Katz (1969): 42
117 Gadamer (1965): 197

BIBLIOGRAPHIE

ADORNO, Th. W. (o. J.) (1971) Vorlesung zur Einleitung in die Erkenntnistheorie, Frankfurt.
ADORNO, Th. W., ALBERT, H., DAHRENDORF, R. u. a. m. (1969) Der Positivismusstreit in der deutschen Soziologie. Soziologische Texte, Bd. 58, Neuwied und Berlin.
ALTHUSSER, L. (1968) Für Marx. Reihe Theorie, Frankfurt a. M.
ALTHUSSER, L. (1970) Freud und Lacan. Internationale marxistische Diskussion 10, Berlin.
ANÓNIMO, Conquistador (1858) Relación de algunas cosas de la Nueva España, y de la gran ciudad de Temistitán México. In: García Icazbalceta (1858), Bd. I. pp. 368—398.
BANDELIER, A. F. (1878) On the Social Organization and Mode of Government of the Ancient Mexicans. Peabody Museum, Harvard University, 11 th Annual Report, pp. 557—669, Cambridge.
BARLOW, R. H. (1944) Los dioses del Templo Mayor de Tlatelolco. In: Memorias de la Academia Mexicana de la Historia, Bd. III, Nr. 4, pp. 530—540, México.
BARLOW, R. H. (1946) Materiales para una cronología del imperio de los México. In: Revista Mexicana de estudios antropológicos, VIII, pp. 207—215, Mexico.
BORAH, W. and COOK, S. F. (1963) Aboriginal Population of Central Mexico on the Eve of the Spanish Conquest. In: Ibero-Americana: 45, Berkeley, Los Angeles.
BUECHNER, K. (1967) Altrömische und Horazische virtus. In: Oppermann (1967), pp. 376—401.
BURCKHARDT, J. (1929) Weltgeschichtliche Betrachtungen. Hsg. A. Oeri und E. Dürr, Basel.
CHAPMAN, A. (1957) Port of Trade Enclaves in Aztec and Maya Civilizations. In: Polanyi (1957), pp. 114—153.
CLARK, J. C. (ed.) (1938) Codex Mendoza, the mexican manuscript known as the Collection of Mendoza and preserved in the Bodleian Library, Oxford. London.
CLAVIGERO, F. J. (1958) Historia antigua de México.
CODEX MENDOZA s. u. Clark (1938) und Kingsborough (1831—45), Bd. I u. V.
CODEX TELLERIANO-REMENSIS, Manuscrit mexicain de Ch. M. Le Tellier, archevêque de Reims. Publ. par E. T. Hamy. Paris 1899.
CODEX VATICANUS 3738 (1900) Il manuoscritto Messicano Vaticano 3738 detto Il codice Rios. Ed. del duque de Loubat. Roma.
CÓDICE RAMÍREZ (1878) Relación del origen de los indios que habitan esta Nueva España según sus historias. In: Tezozómoc (1878), pp. 9—150.
COHEN, R. and MIDDLETON, J. (1967) Comparative Political Systems. New York.
CORTÉZ, F. (1907) Die Eroberung von Mexico. Hamburg.
CURTIUS, L. (1967) Virtus und constantia. In: Oppermann (1967), pp. 370—375.
DAHRENDORF, R. (1967) Pfade aus Utopia. München.
DÍAZ DEL CASTILLO, B. (1965) Wahrhafte Geschichte der Entdeckung und Eroberung von Mexiko. Stuttgart.
DREXLER, H. (1967) Res publica. In: Oppermann (1967), pp. 111—119.

DURÁN, D. (1867) Historia de las Indias de Nueva España. México.
DURKHEIM, E. (1970) Regeln der soziologischen Methode. Neuwied u. Berlin.
FELDMAN, L. H. (1966) Conflict in Historical Interpretation of the Aztec State, Society, and Culture. In: Estudios de Cultura Náhuatl, vol. VI, pp. 167—175.
FREUD, S. (1950) Das Unbewußte. Zürich.
GADAMER, H. G. (1965^2) Wahrheit und Methode. Tübingen.
GARIBAY, A. M. (1953—56) Historia de la literatura Náhuatl. Bd. 1—2. México.
GARIBAY, A. M. (1956) Historia general de las cosas de Nueva España escrita por Fr. Bernhardino de Sahagún. Bd. 1—4. México.
GARIBAY, A. M. (1961) Vida económica de Tenóchtitlan. México.
GARIBAY, A. M. (1964) Poesía Náhuatl I. Romances de los señores de la Nueva España. Ms. de Juan Bautista Pomar. Tezcoco 1582. México.
GARIBAY, A. M. (1965) Teogonía e historia de los Mexicanos. México.
GURVITCH, G. (1965) Dialektik und Soziologie. Neuwied u. Berlin.
HABERMAS, J. (1967) Zur Logik der Sozialwissenschaften. In: Philosophische Rundschau, Beiheft 5, Tübingen.
HABERMAS, J. (1968) Erkenntnis und Interesse. Reihe Theorie 2, Frankfurt a. M.
HARRIS, M. (1968) The Rise of Anthropological Theory, A History of Theories of Culture. Thomas Y. Crowell Company, New York.
HEGEL, G. W. F. (1970) Vorlesungen über die Philosophie der Geschichte. Theorie Werkausgabe, Bd. 12. Frankfurt a. M.
HEINTZ, P. (1968) Einführung in die soziologische Theorie. Stuttgart.
HELLER, E. (1964) Nietzsche. Frankfurt a. M.
HOFSTAETTER, P. R. (1959) Einführung in die Sozialpsychologie. Stuttgart.
HOELTKER, G. (1930) Die Familie bei den Azteken in Altmexiko. In: Anthropos, Bd. XXV, 1930, pp. 465—526.
HOMANS, G. C. (1960) Theorie der sozialen Gruppe. Köln.
HUIZINGA, J. (1961) Herbst des Mittelalters. Stuttgart.
IXTLILXOCHITL, F. de Alva (1965) Obras históricas. Ed. A. Chavero. Bd. 1—2, México.
JENSEN, A. E. (1966) Die getötete Gottheit. Stuttgart.
KATZ, F. (1956) Die sozialökonomischen Verhältnisse bei den Azteken im 15. und 16. Jahrhundert. In: Ethnographisch-archäologische Forschungen 3. Band, Teil 2. Berlin.
KATZ, F. (1969) Vorkolumbische Kulturen. München.
KINGSBOROUGH, E. K. (1831—48) Antiquities of Mexico. Comprising Facsimilies of Ancient Mexican Paintings and Hieroglyphs. 9 vols. London.
KIRCHHOFF, P. (1961) Das Toltekenreich und sein Untergang. In: Saeculum XII, 3.
KLUTH, H. (1957) Sozialprestige und sozialer Status. Stuttgart.
KRICKEBERG, W. (1928) Märchen der Azteken und Inka-Peruaner, Maya und Muisca. Jena.
KRICKEBERG, W. (1956) Altmexikanische Kulturen. Berlin.
LEHMANN, W. (1938) Die Geschichte der Königreiche von Colhuacán und Mexiko. Stuttgart und Berlin.

LEÓN-PORTILLA, M. (1966) La filosofía Náhuatl. México.
LEOPOLD, L. (1916) Prestige. Berlin.
LÉVI-STRAUSS, C. (1960) Traurige Tropen. Köln und Berlin.
LÉVI-STRAUSS, C. (1964) Die Sage von Asdiwal. In: Religionsethnologie, hsg. v. C. A. Schmitz, pp. 154—195, Frankfurt a. M.
LÉVI-STRAUSS, C. (1967) The Social and Psychological Aspects of Chieftainship in a Primitive Tribe: The Nambikuara of Northwestern Mato Grosso. In: Cohen, R. and Middleton J. (1967). pp. 44—62.
LÉVI-STRAUSS, C. (1969) Strukturale Anthropologie. Frankfurt a. M.
LINTON, R. (1945) The Cultural Background of Personality. New York.
LÓPEZ-AUSTIN, A. (1961) La constitución real de México-Tenóchtitlan. México.
LOEWITH, K. (1966) Jakob Burckhardt. Stuttgart.
MACHIAVELLI, N. (o. J.) Der Fürst. Reclam 1218—19.
MALINOWSKI, B. (o. J.) Sitte und Verbrechen bei den Naturvölkern. Sammlung Dalp, Bd. 33, Bern.
MALINOWSKI, B. (1951) Die Dynamik des Kulturwandels. Sammlung ,Die Universität', Zürich.
MANGELSDORF, P. C., MACNEISH, R. S., WILLEY, G. R. (1964) Origins of Agriculture in Middle America. In: Wauchope, R. (ed.) (1964), Bd. 1, pp. 427—445.
MARCUSE, H. (1962) Vernunft und Revolution. Soziologische Texte 13, Neuwied und Berlin.
MARX, K. u. ENGELS, F. (1953) Ausgewählte Briefe. Berlin-Ost.
MARX, K. (1965) Der achtzehnte Brumaire des Louis Bonaparte. Berlin.
MARX, K. und ENGELS, F. (1969) Die deutsche Ideologie. Werke, Bd. 3. Berlin.
MAUSS, M. (1966) Sociologie et Anthropologie. Paris.
MAUSS, M. (1969) Oeuvres. 3. Cohésion sociale et divisions de la sociologie. Paris.
McAFEE, B. and BARLOW, R. H. (1945) Anales de la conquista de Tlatelolco en 1473 y en 1521. In: Memorias de la Academía Mexicana de la Historia, IV, pp. 326—38.
MEILLASSOUX, Cl. (1968) Ostentation, destruction, reproduction. In: Économies et Sociétés, Cahiers de l' I. S. E. A., t.II, Nr. 4, Avril 1968, pp. 759—772.
MENDIETA, J. de (1870) Historia eclesiástica indiana. Ed. J. García Icazbalceta, 2 vols. Mexico.
MERTON, R. K. (1968) Social Theory and Social Structure. New York.
MORENO, M. M. (1948) La organización política y social de los Aztecas. México.
MORGAN, L. H. (1921) Die Urgesellschaft, Stuttgart und Berlin.
MORIARTY, J. R. (1969) The Pre-Conquest Aztec State. A Comparison between Progressive Evolutionists and other Historical Interpretations. In: Estudios de Cultura Náhuatl, Vol VIII.
MOTOLINÍA, T. de Benavente (1831—48) Historia de los indios de la Nueva España. In: Kingsborough (1831—48), Bd. IX.
MÜHLMANN, W. (1938) Methodik der Völkerkunde. Stuttgart.
MÜHLMANN, W. E. (1968, 2. A.) Geschichte der Anthropologie. Frankfurt a. M., Bonn.

MUÑOZ-CAMARGO, D. (1892) Historia de Tlaxcalla. Ed. A. Chavero. México.
NAGEL, E. (1970) Über die Aussage: ‚Das Ganze ist mehr als die Summe seiner Teile'. In: Topitsch, E. (1970) Logik der Sozialwissenschaften. Neue Wissenschaftliche Bibliothek, Köln, Berlin, pp. 225—235.
NIETZSCHE, F. (o. J.) Menschliches-Allzumenschliches. Krönerausgabe, Bd. 72.
NIETZSCHE, F. (o. J.) Morgenröte. Krönerausgabe, Bd. 73.
OPPERMANN, H. (1967) Römische Wertbegriffe. Darmstadt.
OVIEDO, F. de (1959) Historia general y natural de las Indias. Madrid.
PEÑAFIEL, A. (1890) Monumentos del arte mexicano antiguo: ornamentación, mitología, tributos y monumentos. 2 vols. Berlin.
PIRENNE, H. (o. J.) Sozial- und Wirtschaftsgeschichte Europas im Mittelalter. Sammlung Dalp 25. Bern.
POIRIER, J. (1968a) Les fonctions sociales de l'ostentation économique. In: Revue Tiers Monde, t. IX, Nr. 33, Janvier-Mars 1968, pp. 3—16.
POIRIER, J. (1968b) L'économie quaternaire et l'oblation. De la destruction des biens économiques a la création des valeurs sociales. In: Économies et Sociétés, cahiers de l' I. S. E. A., t. II, Nr. 4, Avril 1968.
POLANYI, K., ARENSBERG, C. M., PEARSON, H. W. (1957) Trade and Market in the Early Empires. London.
POMAR, J. B. (1941) Relación de Tezcoco. México.
POMAR, J. B. (1964) S. u. Garibay (1964), pp. 149—219.
POPITZ, H. (1968) Prozesse der Machtbildung. In: Recht und Staat, Heft 362—363. Tübingen.
POULANTZAS, N. 1968) Theorie und Geschichte — Kurze Bemerkungen über den Gegenstand des ‚Kapitals'. In: Euchner, W. und Schmidt, A. (Hrg.) Kritik der politischen Oekonomie heute, 100 Jahre ‚Kapital', Frankfurt a. M., pp. 58—68.
PREUSS, K. Th. und MENGIN, E. (1937—38) Historia Tolteca-Chichimeca. I. Die Bilderschrift nebst Übersetzung, II. Der Kommentar. In: Baessler-Archiv, Beiheft 9 und Bd. XXI. Berlin.
RADIN, P. (1920) The Sources of Authencity of the History of the Ancient Mexicans. University of California Publications in American Archaeology and Ethnology, 17, Nr. 1, pp. 1—150. Berkeley.
ROMÁN Y ZAMORA, J. (1897) Repúblicas de Indias. Idolatrías y gobierno en México y Perú antes de la conquista. In: Colección de libros raros ó curiosos que tratan de América, XIV—XV. Madrid.
SALOMON, A. (1965) Money and Alienation. In: L. A. Coser (ed.) (1965) Georg Simmel. Englewood Cliffs, New Jersey.
SCHAFF, A. (1965) Marxismus und das menschliche Individuum. Wien, Frankfurt, Zürich.
SCHELER, M. (1926) Wesen und Formen der Sympathie. Bonn.
SCHELER, M. (1933) Zur Ethik und Erkenntnislehre. Schriften aus dem Nachlaß, Bd. 1. Berlin.
SCHELER, M. (1955) Vom Umsturz der Werte. Abhandlungen und Aufsätze. Bern.
SCHELER, M. (1960) Die Wissensformen und die Gesellschaft. Bern.

SCHLICK, M. (1970) Über den Begriff der Ganzheit. In: Topitsch, E. Logik der Sozialwissenschaften. Neue Wissenschaftliche Bibliothek, Köln, Berlin, pp. 213–224.
SCHMIDT, A. (1971) Geschichte und Struktur, Fragen einer marxistischen Historik. Reihe Hanser, Bd. 84, München.
SCHULTZE—JENA, L. (1950) Wahrsagerei, Himmelskunde und Kalender der alten Azteken. Quellenwerke zur alten Geschichte Amerikas, Bd. IV. Stuttgart.
SCHULTZE—JENA, L. (1952) Gliederung des altaztekischen Volkes in Familie, Stand und Beruf. Quellenwerke zur alten Geschichte Amerikas aufgezeichnet in den Sprachen der Eingeborenen, Bd. V. Stuttgart.
SCHULTZE—JENA, L. (1957) Alt-aztekische Gesänge. Quellenwerke zur alten Geschichte Amerikas aufgezeichnet in den Sprachen der Eingeborenen, Bd. VI. Stuttgart.
SEBAG, L. (1967) Marxismus und Strukturalismus. Reihe Theorie 2, Frankfurt a. M.
SELER, E. (1904) Gesammelte Abhandlungen zur amerikanischen Sprach- und Altertumskunde. 5 Bände. Berlin.
SELER, E. (1927) Einige Kapitel aus dem Geschichtswerk des Fray Bernhardino de Sahagún. Stuttgart.
SIMÉON, R. (1963) Dictionnaire de la langue Náhuatl. Paris.
SIMMEL, G. (1908) Soziologie. Leipzig.
SIMMEL, G. (1920) Philosphie des Geldes. München und Leipzig.
SOUSTELLE, J. (1957) So lebten die Azteken am Vorabend der spanischen Eroberung. Stuttgart.
STARK, R. (1967) Res publica. In: Oppermann (1967), pp. 42–110.
TERNAUX-COMPANS, H. de (1837–41) V Voyages, Relacions et Mémoires. Paris.
TEZOZÓMOC, F. Alvarado (1878) Crónica Mexicana. Ed. Orozco y Berra, México.
TEZOZÓMOC, F. Alvarado (1949) Crónica Mexicayotl. Trans. A. León. Publicaciones del Instituto de Historia, Ser. 1, 1o. México.
VAILLANT, G. C. (1957) Die Azteken. Köln.
VIERKANDT, A. (1931) Handwörterbuch der Soziologie. Stuttgart.
WAUCHOPE, R. (1964) Handbook of Middle American Indians. Austin, Texas.
WEBER, M. (1922a) Gesammelte Aufsätze zur Wissenschaftslehre. Tübingen.
WEBER, M. (1922b) Gesammelte Aufsätze zur Religionssoziologie, Bd. I. Tübingen.
WEBER, M. (1964) Wirtschaft und Gesellschaft. Studienausgabe. Köln, Berlin.
WESTHEIM, P. (1966) Die Kunst Altmexikos. Köln.
WILLEY, G. R. EKHOLM, G. F., MILLON, R. F. (1964) The Patterns of Farming Life and Civilization. In: Wauchope (1964), pp. 446–498.
WINTZER, H. M. (1930) Das Recht Altmexikos. In: Zeitschrift für vergleichende Rechtswissenschaft, Bd. 45, pp. 321–480. Stuttgart.
ZANTWIJK, R. van (1963) Principios organizadores de los Méxicas, una introducción al estudio del sistema interno del régimen azteca. In: Estudios de Cultura Náhuatl, Bd. IV, pp. 187–222.

ZORITA, A. de (1909) Historia de la Nueva España. In: Colección de libros y documentos referentes a la historia de América, IX, Madrid.

ZORITA, A. de (1963) Breve y sumaria relación de los señores de la Nueva España. In: Biblioteca del estudiante universitario 32. México.

Graphik Design: Dieter u. Ursula Gielnik, Wiesbaden